101 Dinge,
die man über die Deutsche Reichsbahn
wissen muss

Bahnhof Guben mit zusätzlichem Zugang zur Grenzübergangsstelle

Michael Reimer

101 Dinge die man über die Deutsche Reichsbahn wissen muss

Inhalt

Vorwort

101 Dinge, die Sie über die Deutsch Reichsbahn wissen müssen. Als einstiger Reichsbahner weiß ich mehr als nur die 101 Fakten. Die Deutsche Reichsbahn in der DDR brauchte auch mehr, um täglich zu fahren. Sie war kein Vorzeigebetrieb, es gab viele Witze. DR – Dein Risiko. Die DR war nicht schlechter als andere Bahnen zu dieser Zeit. Jedweder Vergleich zu heutigen Verhältnissen (eingespartes Personal und Mangel bei Fahrzeugen) kann nur scheitern. Die Reichsbahn war personalintensiv. Jede Planstelle musste besetzt werden. Doch um die Transporte für die Volkswirtschaft täglich zu bewerkstelligen, musste dennoch jeder Überstunden leisten. Die DR war der größte Arbeitgeber in der DDR und zugleich der größte Transportleister. 85 Prozent aller Güter fuhren auf der Schiene. Noch bestehende Kriegsschäden, fehlende Transportkapazitäten, fehlende einsatzfähige Triebfahrzeuge und ein marodes Schienennetz (Stichwort Alkalischäden) oder andere Beeinträchtigungen, erzwangen täglich Höchstleistungen der 250.000 Reichsbahner.

In diesem Buch können wir nicht alles betrachten. Wir schauen in die Geschichte, sehen verschiedene Fahrzeuge, Bauwerke oder Transporte. 101 Dinge von sicher über 1000. Mit schriftstellerischem Rat standen mir hier auch Wolfgang Dath (WD) und Dirk Winkler (DW) sowie weitere Einsender von Fotos zur Seite.

Berlin 2017
Michael Reimer

Alle verwendeten Markennamen sind Eigentum des jeweiligen Urhebers. Die Inhalte der Kapitel wurden nach bestem Wissen recherchiert. Sie erheben keinen Anspruch auf Vollständigkeit. Eine Gewährleistung für die Richtigkeit der gemachten Aussagen kann nicht gegeben werden. Für eventuelle Fehler bitte ich um Verzeihung!

Deutsche Reichsbahn (DR)

1 Reichsbahn und Sozialismus – passt das?

Mit dem Kriegsende im Mai 1945 war Deutschland in Sektoren der vier Alliierten aufgeteilt. Die östliche Grenze zum späteren Polen bildeten die Neiße und Oder; wobei noch im Dezember Stettin Polen zugeordnet wurde und Swinemünde im Folgejahr. Bis zum Juli 1945 lagen Sachsen-Anhalt und Thüringen im amerikanischen Sektor. Dem Abzug der US-Truppen folgten auch zahlreiche Lokomotiven in den Westen. In der Folge übernahmen die Sowjets diese Länder, so gehörten auch sie zur Sowjetischen Besatzungszone und zur späteren DDR. Mit dem Befehl Nummer 8 legte die Sowjetische Militäradministration in Deutschland (SMAD) die Deutsche Reichsbahn in „Volkeshand". Sie bestimmte aber in den Folgejahren den Betrieb in der SBZ. Die SMAD sorgte unter anderem dafür, dass besondere Kolonnen Reparationsgüter einschließlich Lokomotiven und demontierter Oberleitung abfuhren.

Es bleibt beim Namen

Nach 1949 blieb der Name Deutsche Reichsbahn bestehen, um in den drei Westzonen von Berlin, die Betriebs- und Eigentumsrechte zu wahren. Als Staatsbahn der DDR wären diese Rechte verloren gegan-

Erhaltene Details am Bahnsteigdach von Ludwiglust

Sonderzug zur 90-Jahr-Feier des Rasenden Rolands im Bahnhof Binz

gen. Nach der Rückgabe elektrischer Ausrüstungen startete die DR 1955 wieder einen elektrischen Zugverkehr. Nach der Elektrifizierung verschiedener Strecken in Sachsen bis 1970 setzte die DDR-Regierung allerdings bereits ab 1966 wieder verstärkt auf die Dieseltraktion. Dafür waren Handelsabschlüsse mit der UdSSR über die alleinige Lieferung von Großdiesellokomotiven und Erdöl ausschlaggebend.

Das langsame Ende der DR

Erst mit den Einschränkungen der Öl-Lieferungen ab Ende der 1970er-Jahre gewann die Elektrifizierung von Hauptstrecken sowie von Abfuhrlinien der Braunkohle wieder Bedeutung. Neben dem Arbeiter- und Berufsverkehr lag ein hoher Stellenwert auf dem Güterverkehr. Stolz war man, dass 85 Prozent aller Güter auf der Schiene transportiert wurden. Das bedeutete aber Hemmnisse im Betrieb – etwa in der Zugfolge. Technische Mängel an der Infrastruktur sowie an Fahrzeugen verschlimmerten dies. Aus diesem Dilemma kam die DR bis zu ihrem Ende nicht mehr heraus. Mit der Wiedervereinigung 1990 wurde die DR ein Teil des Bundeseisenbahnvermögens. Die Betriebslänge maß 1990 rund 14.000 Kilometer, davon waren fast 4.000 Kilometer elektrifiziert. Von den 224.000 Mitarbeitern mussten bis 31.12.1993, dem Übergang zur DB AG, 115.000 das Unternehmen verlassen.

Dienstränge bei der DR

2

Sterne und Farben „schmücken"

Die Uniformen der DR glichen nahezu denen aus den einstigen Reichsbahnzeiten. Veränderungen gab es erst in den 1960er-Jahren, als die Kragen geöffnet wurden, Krawatte musste aber sein. In den Folgejahren gab es Blusen oder auch Röcke und Blusen für die Frauen. Bei der Eisenbahnern waren sie aufgrund der Stoffqualität und vor allem wegen der schlechten Schnitte unbeliebt. Mit Mantel und der Wintermütze, der „Schapka", glichen sie weitgehend Uniformen des Militärs.

Ein wenig wie beim Militär

Streng hierarchisch waren auch die Dienstränge. Auf schmalen Schulterstücken prangten Sterne. Ein bis vier jeweils, vom Unterassistenten zum Hauptassistent, von den Sekretären, Inspektoren und Amtmännern bis zu den Räten und Direktoren. Von glatt blau über goldig bis zur goldigen Kordel. Niedrig Qualifizierte bekleideten die Assistenten-Reihe, Facharbeiter zumeist die Sekretäre. Akademiker (bzw. auch nach 30 Dienstjahren) kamen in die goldigen Ränge. Die Farben an den Kragenspiegeln und unter den Schulterstücken hatten zudem Bedeutung. So stand rot für den Betriebs- und Verkehrsdienst, blau für die Maschinen-, grau für die Wagenwirtschaft, gelb für die Fernmelder oder grün für die Oberbauer.

Sammlung von Dienstmützen der DR für Frauen und Männer, in der Mitte die Schapka

Private zur DR

3

Der Fluch der Vielfalt

Nach Kriegsende befanden sich auch auf dem Gebiet der SBZ zahlreiche Klein- und Privatbahnen, deren Betrieb überwiegend in kommunaler Hand lag. Diese besonders für den Verkehr im ländlichen Raum wichtigen Bahnen wurden bis 1948 weitgehend in volkseigene Verwaltung überführt. Dazu gehörten beispielsweise die ehemals provinzialsächsischen mit über 750 Kilometer oder die brandenburgischen Bahnen mit über 500 Kilometer Streckenlänge.

1949 für viele Bahnen ein Schicksalsjahr

Am 9.3.1949 wurde die Übernahme aller nichtreichsbahneigenen Eisenbahnen (110 Eisenbahnen und zwei Ausbesserungswerke) des öffentlichen Verkehrs durch die Reichsbahn angeordnet. Ab dem 1.4.1949 übernahm die DR, mit wenigen Ausnahmen (Niederbarnimer Eisenbahn erst am 1.7.1950), die Verwaltung und Nutzung dieser Bahnen.

Durch die Übernahme dieser Bahnen wuchs die Vielfalt der Betriebsmittel der DR beträchtlich. Lokomotiven, Trieb-, Bei- und Personenwagen, die von den ehemaligen Bahnen in meist nur geringen Stückzahlen beschafft worden waren, sorgten für eine (uneffektive) Vielfalt des Fahrzeugbestands und erhöhten den Instandsetzungsaufwand beträchtlich. Seit Anfang der 1950er-Jahre bemühte sich die Reichsbahn daher mit viel Aufwand, die Klein- und Privatbahnfahrzeuge dem technischen Standard der Reichsbahn-Baureihen anzugleichen. Gleichzeitig erfolgte ab 1950, trotz des damals noch angespannten Triebfahrzeugbestandes, die Ausmusterung unwirtschaftlicher Splitterbauarten. (DW)

Bei der DR als 91 6277 eingereihte Privatbahnlok im Bw Arnstadt

4

DR in West-Berlin

Politisches Durcheinander

Politische Brisanz hatte der Bahnverkehr der DR in den drei Westsektoren von Berlin. Um die Betriebsrechte in West-Berlin (und das Reichsbahnvermögen) zu behalten, behielt die Staatsbahn den Namen Deutsche Reichsbahn, da eben der Reichsbahn diese Rechte von den Westalliierten gewährt worden waren.

Man war sich nicht sicher, ob eine Namensänderung dem ein Ende gesetzt hätte. Bereits in den Nachkriegsjahren gab es trotzdem Spannungen bei der Gestellung der Lokkolonnen in den Westberliner Betriebswerken. Schließlich zog die SMAD die Fahrzeuge von dort ab. Wegen der sich verstärkenden Ost-Westspannung entschied sich die DR bzw. DDR, die West-Berliner Fernbahnhöfe ab 1952 nicht mehr zu bedienen. Ruinen – etwa der Anhalter Bahnhof – wurden abgerissen. Übrig blieb nur der sogenannte Transit- und auch Güterverkehr. Um die im Westen gelegenen Reichsbahn-Betriebswerke auszulasten, beförderte die DR zunächst weiterhin Lokomotiven zur Instandsetzung nach Berlin-Tempelhof.

Ein Sonderzug mit der 74 1230 verlässt Berlin-Spandau 1984.

Wenig Reisende im Bahnhof Berlin Zoologischer Garten

Betriebsschließungen und Streiks

Das sollte sich bald ändern. Nahezu alle kleineren Betriebswerke in West-Berlin wurden geschlossen. Der Mauerbau 1961 und der Boykott der zur DR gehörenden S-Bahn in den Westsektoren verschärften die Situation: Es war ja wirklich eigenartig; der gesamte West-Berliner Eisenbahnverkehr (inklusive S-Bahn) war unter Obhut des DDR-Verkehrsministeriums. Die Eisenbahn war gewissermaßen eine sozialistische Insel in kapitalistischem Umfeld. Noch dazu waren viele Reichsbahner West-Berliner. Diese wiederum galten in West-Berlin vielen als „Fünfte Kolonne der SED". Noch dazu war der Betrieb in West-Berlin ein sattes Minus-Geschäft, 1975 etwas betrug das Defizit des S-Bahn 100 Millionen Westmark. Vermehrt wurden S-Bahn-Abschnitte stillgelegt, Bahnhöfe kamen runter. Kein Wunder, dass die Unzufriedenheit der West-Reichsbahner, die schlecht bezahlt wurden, wuchs. Sogar Entlassungen standen an, eine Art sozialistischer Tabubruch. 1980 gipfelte dies in unzähligen Streikaktionen. Die Folge waren veränderte Strukturen bei der DR – aus dem Reichsbahnamt Berlin 4 wurde der Bereich Vizepräsident Betrieb und Technik, die verbliebenden Werke wurden zu Unterhaltungsstellen für Maschinentechnik (bzw. Bahnanlagen) zusammengefasst. Die S-Bahn auf ihren Rumpfstrecken wurde schließlich 1984 dem Berliner Senat übergeben. Die DR investierte im Gegenzug in Verkaufsbüros, modernisierte in moderatem Umfang den Bahnhof Zoologischer Garten und organisierte Dampflokfahrten, um Devisen einzunehmen.

Nach 1990 waren stillgelegte, einst großen Rangierbahnhöfen zu sehen, die von der Natur zurückerobert wurden, andererseits funktionierte der Containerverkehr zum Hamburg- und Lehrter Bf, zahlreiche Anschlüsse wurden noch bedient. Andere Güterströme und neue Bahnprojekte veränderten vor allem in Berlin-West das Bild der Eisenbahn. Während die S-Bahn größtenteils aus dem Dornröschenschlaf erwachte, ist bis auf einige Kohlenzüge der Güterverkehr in der Hauptstadt Vergangenheit.

Die MITROPA

5

Nicht nur „Essen auf Rädern"

Bereits 1916 wurde die Mitteleuropäische Schlaf- und Speisewagen AG (MITROPA) gegründet, um der Internationalen Schlafwagengesellschaft (CIWL/ISG) eine Konkurrenz entgegenzustellen. Dies gelang. Vor allem in der Zwischenkriegszeit erwarben sich die Speise- und Salonwagen einen guten Ruf. Der Anfang nach dem Zweiten Weltkrieg war schwierig. Umfangreiche Verluste im Krieg und die folgende Aufteilung nach Ost- und Westzone sowie weitere Abgänge machten den Neuanfang der MITROPA AG, die am 23. Mai 1945 sich in Berlin wieder als Aktiengesellschaft eintrug, zu einem fast gewagten Unterfangen.

Wagenmangel nach 1945

Noch im Oktober 1945 eröffnete man das erste Hotel. Wenige Wagen standen zur Verfügung. Parallel existierten auch in den Westzonen MITROPA-Betriebe, diese firmierten ab 1950 allerdings als Deutsche Schlaf- und Speisewagengesellschaft (DSG). Die DSG arbeitete ab 1954 im zonen- bzw. grenzüberschreitenden Verkehr mit der Ost-MITROPA zusammen, der es gelang, mehr und mehr Fernreisezüge mit Speise-, Buffet- und auch wenigen Schlafwagen auszustatten. Nach 1954 kam die gastronomische Bewirtschaftung der Schiffe hinzu, zeitweise zudem die Betreuung der Intershops. Damit nicht genug, bald waren Autobahnraststätten, ein Motel, die Betreuung des Urlauberzuges TOUREX von Dresden nach Varna sowie Gaststätten und Friseurläden in größeren Bahnhöfen unter MITROPA-Regie.

Die MITROPA auf einem Bahnsteig

1990 zählten 100.000 Mitarbeiter zur MITROPA, die vom kleinsten Bahnsteig-Kiosk bis hin zu den Flughafen-Restaurants ihre Dienste anbot. Die DSG und die MITROPA fusionierten 1994 zur (neuen) MITROPA AG. 2004 wurde diese wiederum von der Deutschen Bahn verkauft und wurde zur MITROPA GmbH. Inzwischen ist der Begriff verschwunden: Der neue Name lautet SSP Deutschland GmbH.

Elektrifizierungs-Initiative

6

Strom versus Diesel

Am 1. September 1955 gab es zwischen Halle und Köthen die Wiedereröffnung des elektrischen Zugverkehrs in der DDR. Bis 1959 folgten weitere Abschnitte im Großraum Halle/ Leipzig.

In der Folge sollten das Sächsische Dreieck zwischen Leipzig – Zwickau – Karl-Marx-Stadt und Dresden elektrifiziert werden. Neben einzelnen Abschnitten wuchs das Netz von 320 km (1959) aber lediglich auf 962 Kilometer (1969). Aus politischen Gründen (Import von Erdöl und Dieselloks aus der UdSSR) hatte der DDR-Ministerrat nämlich beschlossen, wieder die Dieseltraktion zu bevorzugen.

Der Ölpreis steigt

Jedoch forcierte man nach den Parteitagsbeschlüssen von 1976 und 1981 die Weiterelektrifizierung der Hauptstrecken, die UdSSR hatte zwischenzeitlich die Erdölpreise deutlich erhöht. 1979 waren es 1286 km unter Strom. Die wichtigsten Nord-Süd-Strecken wurden dabei zu einem Zentralen Jugendobjekt der Streckenelektrifizierung erhoben. 1984 war Berlin erreicht und dann 1985 schon Rostock. 1986 feierte die DR ihren 1000. Streckenkilometer der Neuelektrifizierung (im Rahmen des Jugendobjektes) in Bad Kleinen. In der Folge bauten die Jugendbrigaden aus der gesamten DDR, politisch agitiert und unterstützt mit vielen Extras, die Abschnitte weiter von Schwerin nach Rostock, von Berlin über Pasewalk nach Stralsund und weiter auf die Insel Rügen und erreichten schließlich 1989 mit dem 2000. km Cottbus.

Erinnerung an den 2.000 elektrifizierten Streckenkilometer in Cottbus

Die Züge der Alliierten

Transitverkehr der eigenen Art

7

Berlin, die Stadt mit dem Vier-Mächte-Status nach 1945: Im Potsdamer Abkommen war geregelt, dass die Alliierten ihre jeweiligen Zufahrten nach Berlin haben sollten. Der alliierte Eisenbahnverkehr oblag den jeweiligen Transportabteilungen. Für den Verkehr musste die DR zunächst die Fahrzeuge bereitstellen. Erst in den Folgejahren hielten die Militärabteilungen eigene Fahrzeuge vor.

Separate Sowjets

Für die Gruppe der sowjetischen Streitkräfte wurde anfangs der Berliner Ostbahnhof (Schlesischer Bf) genutzt. Da der Sitz des Oberkommandos in Wünsdorf, südlich von Berlin, war, erweiterte die DR dort den Bahnhof mit einem separaten Bereich für die sowjetischen Streitkräfte – inklusive eigenem Empfangsgebäude. Das war nicht einzigartig: Im Netz der DR gab es mehrere Bahnhofsbereiche, die nur für die Sowjettruppen bereit standen. Einen gesonderten Speisesaal gab es im Magde-

Militärzug der sowjetischen Streitkräfte nach Wünsdorf

Begleiteter Güterzug der Amerikaner in Berlin-Wannsee

burger Hauptbahnhof, einen gesonderten Bahnsteig in Jüterbog. Die Militär- und Urlauberzüge der Sowjets kamen so von Erfurt, Magdeburg, Schwerin – Templin und rollten über den Berliner Außenring in Richtung Frankfurt (Oder) und weiter durch Polen.

Die Westalliierten

Im Westteil der Stadt hielten die französischen Streitkräfte den Bahnhof Berlin-Tegel als den ihren mit gesonderten Anlagen vor. Der Zug in die Heimat verkehrte ein bis zwei Mal wöchentlich. Ziel war Strasbourg. Die Amerikaner nutzten zunächst den Güterbahnhof von Berlin-Wannsee, ab 1947 den Bahnhof Berlin-Lichterfelde West. Neben einigen Gütertransporten mit besonderen Begleiterwagen mit Beobachtungskanzel orientierte sich der Stab vorrangig an eigenen Triebwagen mit dem Spitznamen „The General“. Ziele waren Helmstedt, Braunschweig und Bremerhaven. Die Engländer nutzten zeitweise reguläre Gleise und Zugänge vom Bahnhof Berlin-Charlottenburg. Ihre Züge kamen nur von Braunschweig.

Die Züge der Westalliierten fuhren im Transitverkehr. In den Grenzbahnhöfen gab es jedoch gesonderte Kontrollbereiche, die nur von den Sowjets betreten werden durften. Diese übernahmen die Kontrollaufgaben, wobei sogar die Zuglok der DR vom Zug absetzen musste.

1991 fuhren die Engländer das letzte Mal, 1993 die Amerikaner und schließlich 1994 die Franzosen und Sowjets.

Eisenbahntunnel

8

Die meisten waren nicht elektrifiziert

Das Netz der DR verzeichnete einst insgesamt 74 Tunnel mit einer Gesamtlänge von 22.732 Metern. 30 davon waren zweigleisig ausgeführt. Der Großteil der Tunnel verteilte sich auf den Rbd-Bezirk Dresden mit 38 und 26 Tunneln in der Rbd Erfurt.

Die Strecke Gera–Plauen ist mit acht Tunneln zwischen Wünschendorf (Elster) und Plauen (Vogtl) auf 40 Kilometer Streckenlänge der tunnelreichste Abschnitt. Sieben Tunnel, zum Teil dicht hintereinander, sind auf der Strecke Bad Schandau–Sebnitz (Sachs) zu finden.

Der längste Tunnel ist der Brandleitetunnel zwischen Gehlberg und Oberhof in Thüringen mit einer Länge von 3.039 Metern. An der Strecke Erfurt–Arnstadt–Suhl–Meiningen ist der Scheitelpunkt der Strecke mit 640 Meter über NN etwa in der Tunnelmitte.

Die Ausnahmen

Nur durch die Tunnel Edle Krone an der Strecke Dresden – Chemnitz (damals Karl-Marx-Stadt) und Blankenheimer Tunnel bei Sangerhausen können elektrische Lokomotiven fahren. Die übrigen sind ohne Oberleitung. Für die Streckenelektrifizierung von Karl-Marx-Stadt nach Elsterwerda – Berlin wurden 1985/1987 die beiden ältesten Bahntunnel bei Limmritz und Waldheim aus dem Jahre 1852 aufgeschnitten und abgetragen. Somit ist der von der Edlen Krone mit seinen 122 Meter aus dem Jahre 1855 der älteste unterirdische Weg.

Längste Eisenbahntunnel der DR

Tunnel	Abschnitt	Länge (m)	IBN
Nord-Süd-S-Bahn	Bln Nordbahnhof–Anhalter Bahnhof	5.884	1939
Brandleitetunnel	Gehlberg–Oberhof	3.039	1884
Küllstedter Tunnel	Küllstedt–Effelder	1.530	1880
Blankenheimer	Blankenheim Tr–Blankenheim	875	1886
Förthaer Tunnel	Eisenach–Förtha	544	1858
Gleisberg-Tunnel	Glashütte–Bärenhecke	539	1890
Mühltunnel	Rathmannsdorf–Porschdorf	377	1877
Elsterberger Tunnel	Elsterberg–Elsterbg. Kunsts.	358	1875

Talwärts rollt eine 44er aus dem Förthaer Tunnel bei Eisenach.

Ein weiterer liegt im Harz an der Harzer Schmalspurbahn. Mit 58 Metern ist er der einzige (noch von der Bahn genutzte) Tunnel einer Schmalspurbahn. Durch den Kleinen Thumkuhlenkopf fahren die Dampfzüge zwischen Steinerne Renne und Drei Annen Hohne.

Die nördlichste Röhre war am Bahnhof Berlin Ostkreuz und unterquerte mehrere Gleise in einer Anbindung zum Osthafen.

Frauen bei der DR

9

Da war die DR besser als die DB

Frauen in den Betrieben der DDR gehörten zum alltäglichen Bild. Die Gleichberechtigung war aber nicht die einzige Triebfeder, man gehorchte auch immer der Not, jeden Arbeitsplatz zu besetzen. Von den rund 224.000 Reichsbahnern waren etwa die Hälfte Frauen. Sie fanden sich in den unterschiedlichsten Bereichen wieder. Dazu gehörten die „klassischen Jobs" als Sekretärin der Leiter, in den Post- und Telegrafiestuben, aber genauso in der Aus- und Weiterbildung, als Dienstreglerin oder in der weiteren Verwaltung. Die Bezahlung war den Männern gleichgestellt.

Frauen waren ebenso im Schichtdienst eingesetzt – von der Fahrdienstleiterin bis hin zur Zugführerin. Um all diese Schichtdienste auch jungen Müttern anzubieten, gab es beispielsweise im Zugbegleitdienst sogenannte Mutterpläne. Auch die Kitas zogen mit, sie hatten immerhin von 6–18 Uhr geöffnet.

Jetzt auch auf der Lok

Ende der 1980er-Jahre gab es auch die ersten Lokführerinnen. Auch als Chefin waren Frauen, wenn auch seltener, zu sehen. Dazu zählten u. a. die Leiterin der Waldeisenbahn Muskau oder die langjährige Präsidentin der Rbd Schwerin. Mit dem Übergang zur DB AG änderte sich das Bild nachhaltig – zu Ungunsten der Frauen.

Frauen putzen im Bw Weimar die 58 1190.

10

Otto Arndt

Eisenbahner und Politiker

Als langjähriger Generaldirektor der DR und Verkehrsminister war Otto Arndt bekannt. Als Sohn eines Lokführers wurde er 1920 in Aschersleben geboren. Er wählte wie der Vater den Weg zur Reichsbahn und begann eine Lehre zum Schlosser. Nach seinem Wehrdienst als Gefreiter der Luftwaffe und dem Kriegsende absolvierte er zudem die Inspektorausbildung. Bereits 1950 wurde er Leiter des Reichsbahnamtes Aschersleben. Als junger Genosse und aufgrund guter Leistungen erklomm er schnell die Karriereleiter: 1951 Vizepräsident der Reichsbahndirektion (Rbd) Dresden, 1952 Vizepräsident der Rbd Halle. Nach dem Besuch der Parteihochschule von 1960 bis 1961 kam er nach Berlin und wurde der Präsident der Rbd. 1964 kamen die Funktionen Stellvertreter des Generaldirektors der DR und Stellvertreter des Ministers hinzu.

Der Weg zum Fachmann

1970 übernahm Arndt das Amt des scheidenden Verkehrsministers und Generaldirektors Erwin Kramer. In der Folge kamen politische Funktionen hinzu: 1971 Kandidat des Zentralkomitees der SED, ab 1975 dann Mitglied und ab 1976 Abgeordneter der Volkskammer der DDR. Seinem Wunsch, mit 65 Jahren in die Rente zu wechseln, kam die Regierung nicht nach. 1989 trat der gesamte Ministerrat zurück. 1992 verstarb Arndt. In Erinnerung blieb er vielen als ausgewiesener Fachmann.

Otto Arndt (Mitte) verschafft sich in Dresden-Friedrichstadt einen Überblick über die Wintervorbereitungen.

Kolonne

11

Reparation für die Sowjets

Die Sowjets forderten umfangreiche Reparationsleistungen für ihre während des Zweiten Weltkriegs erlittenen Zerstörungen. In der sowjetisch besetzten Zone legten Offiziere fest, was requiriert werden sollte. Doch um die Güter abzufahren, bedurfte es besonderer Transportwege. Ein Transport auf der Straße war aus Infrastrukturgründen kaum möglich. Das Breitspurgleis von Russland nach Berlin war allerdings ebenfalls nur eingleisig, auch hier lagen also keine großen Kapazitäten vor. Der Befehl Nummer 4 der Sowjetischen Militäradministration (SMAD) regelte am 6. August 1945 die Formierung besonderer Lokkolonnen. Über 900 der besten Dampflokomotiven mussten mit mehreren Lokführern, Heizern und Wagenmeistern zur Verfügung stehen, um die Güterzüge zum Stettiner Hafen oder direkt vom Osten Deutschlands zu den russischen Grenzbahnhöfen zu bringen. Über 30 Standorte im Netz der DR wurden dazu festgelegt. Nach der Abfuhr aus der mitteldeutschen Region ließ die SMAD die Standorte in Berlin, Frankfurt (Oder), Guben oder Cottbus neu ordnen. Dabei ließ sie einige Kolonnen nur als Reserve. Im eigenen Betrieb durfte die DR diese nicht verwenden.

Vieles war unterwegs nach Osten

Bis 1947 ließ die SMAD schwere Wirtschaftsgüter, Maschinen, Ausrüstungen, Bibliotheken, Autos und vieles mehr abrollen. Dazu kamen auch Eisenbahnausrüstungen, wie die elektrische Oberleitung

Wussten Sie schon?

Zu jeder Lokbrigade gehörten zwei Brigadelokführer (Oberlokführer), zwei Lokführer, drei Heizer, zwei Zugführer und ein Wagenmeister. In zumeist zweiachsigen mit Behelfsbetten oder auch nur Strohsäcken ausgerüsteten Güter- oder Personenwagen ging es in vier Tagen über rund 800 km bis zur sowjetischen Grenze. Für die Verpflegung, oft nur Sauerkohl und Hering, musste das Personal selbst sorgen. Bis 1946 wurden Einzelgänger der Baureihen 41, 42, 44, 50 oder 58 gegen die nur noch eingesetzte Baureihe 52 ausgetauscht.

52 4916 der Kolonne 23 in Hoyerswerda im Jahr 1946

sowie nahezu alle Elloks. Ferner stellte man den Zügen auch Dampflokomotiven oder Triebwagen, auch aus dem Netz der Berliner S-Bahn, bei. Allein von der Baureihe 52 beschlagnahmten die Sowjets zum Teil aus den Kolonnen, aber auch direkt aus dem DR-Betrieb, über 700 Exemplare. Für die Zugfahrten quer durch Polen bestand Kriegsrecht, was den Betrieb und das Leben nicht einfach gestaltete. Die begleitenden russischen Soldaten mussten die deutschen Personale vor Überfällen in Polen schützen.

Keine großen Änderungen

Mit der Gründung der DDR 1949 änderte sich lediglich die Besatzungsstruktur. Abgefahren wurden noch immer Güter, jedoch nur noch aus den sogenannten SDAG-Betrieben (Sowjetisch-Deutsche AG, wie z. B. der Uran-Bergbau). Das Kolonnenwesen wurde bis 1954 abgestellt. Lediglich die Transportkolonne 1, zuständig für den zwischen der Sowjetunion und der DDR pendelnden „Blauen Zug“ der Besatzer, wurde von Berlin-Rummelsburg nach Brest bis 1955 verlegt.

Spitzname „Wanne“

Die letzten Bahnsteigsperren

12

Bahnsteigsperren waren eigentlich bereits in den 1970er-Jahren ein Relikt der Vergangenheit. Man erinnert sich anhand von Fotos an den Eisenbahner, der in einem kleinen, schmalen Häuschen am Treppenaufgang oder Bahnsteigzugang saß und die Fahrkarten „knipste“, also entwertete.

Damit war Schluss, als in Berlin und anderswo Entwerter aufgestellt wurden, mit denen die Reisenden selbst ihre Fahrkarten entwerteten. Oft waren es einfache mechanische Teile, im Inneren war eine klassische Schaffnerzange, die über einen Hebel zusammengedrückt wurde. Dabei hatte jeder Bahnhof seine Kennung und das Tagesdatum. So konnten Kontrolleure erkennen, ob – gerade in Berlin – die richtige Preisstufe genutzt wurde.

Es gab sie noch …

Dennoch gab es im Netz bis in die 1980er-Jahre vereinzelt die alten Bahnsteigsperren. Im Bahnhof Werder (Havel) am Berliner Ring stand bis 1983 ein Beschäftigter. Und im Bahnhof Belzig öffnete die junge Reichsbahnerin erst wenige Minuten vor der Zugfahrt die Türen und kontrollierte die Fahrkarten. Zum Jahreswechsel 1984/1985 war das dann auch Geschichte. Mit der Übernahme der Geisterbahnhöfe in Berlin, die 1961 geschlossen worden waren, sah man 1990 noch originale „Wannen“, wie die Schaffnerhäuschen im Volksmund hießen.

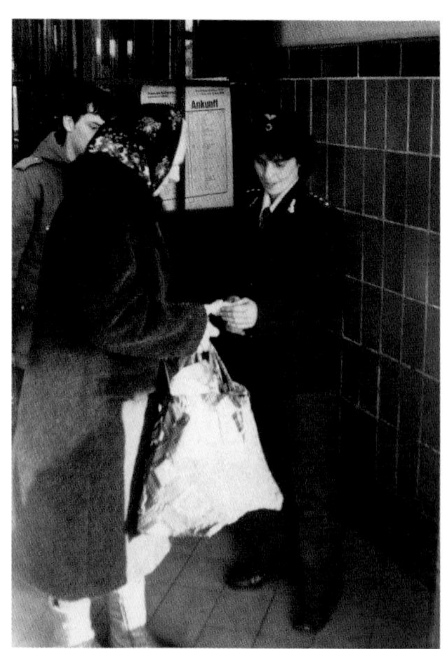

Bahnhof Belzig:
Die Fahrkarten bitte!

Drehscheibe Seddin

13

1800 Wagen am Tag

Der Verschiebebahnhof Seddin wurde zu DR-Zeiten als die Drehscheibe im Güterverkehr bezeichnet. Die Deutsche Reichsbahn (DRG) hatte den Verschiebebahnhof im Herbst 1924 eröffnet. Eigentlich hätte er schon früher fertig werden sollen, der Erste Weltkrieg hatte das verhindert. Den weiteren Ausbau bremste dann der Zweite Weltkrieg. Lediglich ein Militärbahnhof entstand in dieser Zeit.

Der Umbau

Diesen einstigen Militärbahnhof baute die DR 1958/59 zum Transitbahnhof um. Für den Verkehr Richtung Berlin-West zur Bundesrepublik und retour besaß der Bahnhof zwei getrennte Bahnhofssysteme ohne Eckverkehr. Im Lauf der Jahre folgten Modernisierungen, 1980 die Inbetriebnahme des neunstöckigen Zentralstellwerkes der Bauform GS III Sp 68 mit teilautomatisiertem Ablaufbetrieb und Seilbeidrückanlagen. Weitere Stellwerke regelten das Ablaufverfahren. Insgesamt verfügt der Bahnhof über etwa 100 Kilometer Gleise, er erstreckt sich mit 28 und 15 Richtungsgleisen über eine Länge von 5 Kilometer und eine Breite von 300 Meter. Insgesamt konnten und können bis zu 1800 Wagen pro Tag behandelt werden.

Inmitten des Bahnhofs befindet sich das 1925 gebaute Bw Seddin. Bahnhof und Bw sind heute noch in Betrieb.

Blick über einen Teil des Bahnhofs Seddin bis zum Bw

Baureihenschema

14

Neue Nummern braucht das Land

Die DR führte (wie die DB auch) vom Grundsatz her das in den 1920ern bis 1930ern eingeführte System der Baureihen- und Ordnungsnummern fort.

Mit der Einführung des EDV-Systems bei der DR ab 1970 ging man neue Wege. Künftig bestand eine Loknummer aus sechs Ziffern und der Selbstkontrollziffer (für die elektronische Datenverarbeitung). Dampflokomotiven behielten ihre zweistelle Baureihen-Nummer. Die erste Ziffer der Ordnungsnummer wies die Feuerungsart aus: 0 = Ölhauptfeuerung, 1 – 8 = Rostfeuerung, 9 = Kohlenstaubfeuerung. Bei den Schmalspurbahnen wurde nach Spurweiten zusammengefasst: Die 1 und die 4 (als erste Ziffer der Ordnungsnummer) bedeuteten 750 mm, die 2 stand für 900 mm, die 5 – 7 für 1000 und die 3 schließlich für 600 mm.

Elektrische und Dieselloks hatten dreistellige Baureihennummern, wobei Diesellokomotiven mit einer 1 und Elloks mit einer 2 begannen. Die Bundesbahn hatte ihr System mit 1 und 2 umgekehrt aufgebaut. So wurde aus der V 180 die Baureihe 118, die V 60 zur 106. Die E 11 und E 42 wurden in 211 und 242 umgezeichnet. Die Ordnungsnummer war nun nur noch dreistellig. Um Dopplungen bei den vierstelligen Ordnungsnummern der Dampfloks zu vermeiden, gab es vereinzelt neue Zahlenfolgen: Aus der 58 311 (einer badischen Lok) wurde die 58 1111, die preußische 58 1311 behielt ihre Nummer.

Die einst badische 58 311 vor einem Sonderzug

Transitverkehr nach Berlin

15

Züge über Grenzen

Schon das Treffen der „Großen Drei“ (USA, UK und UdSSR) im Juli 1945 zeigte erste Spannungen zwischen den beiden Westmächten und der UdSSR. Die Londoner Sechsmächtekonferenz im Jahr 1948 fand dann sogar ohne die Sowjets statt. Der Ost-West-Konflikt war vollends ausgebrochen. Auch in Bezug auf eine gesamtdeutsche Währungreform war keine Einigung erzielt worden, sodass diese nur für die Westzonen (Trizonensien) geplant wurde. Die Spaltung Deutschlands nahm Fahrt auf. Die am 24. Juni 1948 begonnene Berlin-Blockade sollte auf die Westmächte Druck ausüben, die Weichen für Gesamtdeutschland doch noch anders zu stellen. Damit wurde auch der Zugverkehr in die entstandene „Insel“ West-Berlin eingestellt.

Erst am 11. Mai 1949 (mit dem Ende der Blockade) erreichte ein Zug aus Braunschweig wieder Berlin. Noch im Mai folgten Besprechungen für den Reise- und Güterverkehr durch die Sektoren hindurch. Der erweiterte Interzonenverkehr sollte zum 10. September 1949 aufgenommen werden. Es gab fortan sechs Zugpaare, die Berlin mit Helmstedt – Köln, Bebra – Frankfurt (M), Ludwigstadt – München und Hamburg verbanden. Bis 1953 entwickelte sich der Interzonenzugverkehr weiter, es gab Schlaf- und Speisewagen, und die Verpflichtung, einen sogenannte Interzonenausweis zu haben, entfiel. Zum 11. Dezember 1957 änderte die DDR das Passgesetz, das die Ausreise von DDR-Bürgern nunmehr erheblich einschränkte. Nach dem Mauerbau 1961 entfielen die Halte in der DDR und fortan bezeichnete die DR diese Züge als Transitzüge, die nur noch an den Grenzbahnhöfen hielten. Verschiedene Betriebswerke stellten dafür die Triebfahrzeuge und ausgesuchte Lokführer. Transitzüge genossen im Netz der DR absoluten Vorrang.

Ein Transitzug fährt ohne Halt durch Erfurt.

Reichsbahndirektion Berlin

16

Die „größte" von acht …

Am 14. Mai 1945 nahm die Rbd Berlin unter der Sowjetischen Militäradministration (SMAD) ihren Betrieb wieder auf. In den folgenden Wochen wurden die Grenzen bereinigt, im Nordosten kamen Abschnitte zur neuen Rbd Pasewalk (später Greifswald), südwestlich zur neuen Rbd Magdeburg. Im Oktober kamen Teile der einstigen Rbd Osten als Reichsbahnamt 7 (Frankfurt/Oder) zur Zuständigkeit der Rbd Berlin. Zu den sieben Reichsbahnämtern unter dem Dach der Rbd Berlin kam später noch das Amt für die S-Bahn hinzu.

Noch 1946 residierte die Direktion im Westteil der Stadt, am Großadmiral-Köster-Ufer (dem späteren Schöneberger Ufer). Doch die Streitigkeiten beginnen. Die Enteignung der Privatbahnstrecke Neukölln-Mittenwalder Eisenbahner wurde 1946 rückgängig gemacht, mit der Blockade 1948 wurde

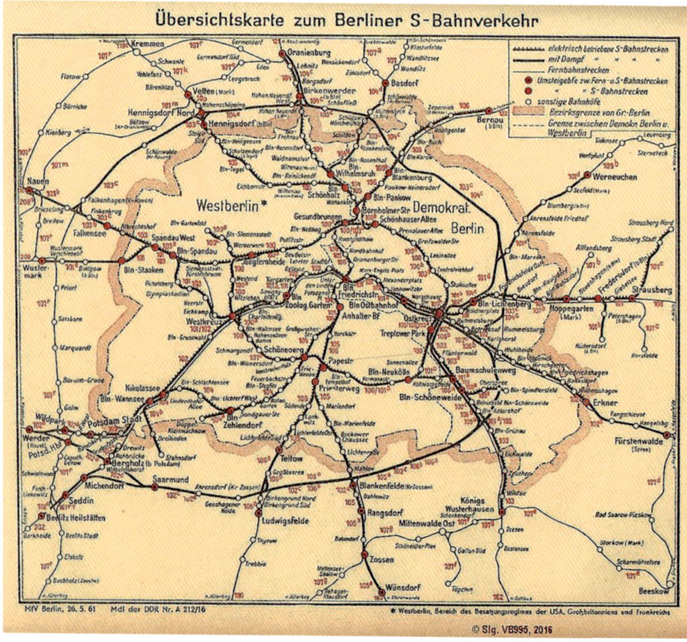

Die Rbd Berlin mit dem Außenring

die Strecke jedoch an der Sektorengrenze unterbrochen. Im Juni 1949 zieht die Direktion in die Elsäßer Straße um (die spätere Wilhelm-Pieck-Straße). Im Sommer 1949 ruht aufgrund eines Streiks der (Westberliner) Reichsbahner im Westteil der Stadt für einen Monat der S-Bahn-Verkehr. In der DDR wurde der Streik konsequent als UGO-Putsch bezeichnet. Die Bezeichnung rührt von der Unabhängigen Gewerkschafts-Organisation (UGO) her, unter deren Dach sich eine Eisenbahnergewerkschaft gegründet hatte, die die DR aber nicht als Verhandlungspartner anerkannte. Wesentlich Ursache der Unzufriedenheit gerade der West-Reichsbahner was das Thema Bezahlung: Nach der Einführung der D-Mark weigerte sich die DR, deren Löhne in Westmark zu zahlen. Im Laufe der Auseinandersetzungen, die bald mehr waren, als ein bloßer Streik, gab es Tote und Verletzte. Auch die zwischen dem Freien Deutschen Gewerkschaftsbund (FDGB), dem von der DDR und der DR einzig anerkannten Verhandlungspartner, erzielte Einigung, dass 60 Prozent des Lohnes in Westmark ausgezahlt werden sollten, beendete den Konflikt nicht. Erst die als die West-Alliierten die West-Berliner Verwaltung anwiesen, die restlichen 40 Prozent in Westwährung zu tauschen, beendete diese gewaltsame Auseinandersetzung.

Der Außenring

1952 schließt die DR mehrere Fernbahnhöfe in West-Berlin. Um den Westteil der Stadt zu umfahren, wird zwischen 1951 und 1956 der Berliner Außenring gebaut. 1953 entsteht damit der neue Rangierbahnhof Wuhlheide, der jedoch nie vollendet wird. Im Jahr 1953 werden mehrere Ämter zusammengeschlossen, 1954 entsteht die Verwaltung der S-Bahn mit einem eigenen Vizepräsidenten. Künftig bestehen die Rba Berlin 1 (für die Stadt Berlin Ost), Rba 2 (Potsdam), Rba 4 (Berlin West) und Frankfurt (Oder). Das Rba 1 residiert ab Ende der 1970er-Jahre im großen Bau-Komplex an der Frankfurter Alle. Nach den Streiks in Berlin West ab 1980 und der Abgabe der S-Bahn an die Berliner Verkehrsbetriebe (BVG) wird der Bereich des Vizepräsidenten BT (Betrieb und Technik) als Ersatz für das Rba 4 am Nordbahnhof neu aufgestellt.

In den vergangenen Jahrzehnten (also 1945 – 1990) wechselten immer mal einzelne Bahnhöfe oder Strecken den Rbd-Bezirk. Aber die größten Veränderungen gab es nach der Auflösung der Rbd Cottbus 1990, da der nördliche Teil zu Berlin und der südliche zur Rbd Dresden kam. Die Rbd Berlin zog zusammen mit der Generaldirektion der DR in das einstige Hauptgebäude des Ministeriums für Staatssicherheit (MfS) in die Ruschestraße. Am 31. Dezember 1993 endete die Geschichte der Direktion Berlin.

Der Güterverkehr …

… hatte eine hohe Priorität

17

1986 transportierte die DR nach eigenen Aussagen 86 Prozent aller in der DDR zu versendenden Güter. Das war (und blieb) ein Rekord. Weitere Transportträger waren Schifffahrt und der Kraftverkehr auf der Straße. Ein weiterer Rekord: 96 Prozent aller Güter zum und vom Rostocker Seehafen wurden auf der Schiene bewegt. Und tatsächlich: Die DR besaß ein dichtes Netz im Güterverkehr. Neben dem Binnenverkehr war sie seit dem 28. Mai 1961 im TEEM-Verkehr (Trans-Europ-Express-Marchandises) und ab 1968 im Großcontainer-Verkehr beteiligt.

Man kam mit dem Ausbau nicht hinterher

Stetig wurden die Rangier- und Verschiebebahnhöfe ausgebaut, blieben aber dennoch immer hinter den Erfordernissen zurück. Nahezu alle großen Rangierbahnhöfe besaßen mindestens einen Ablaufberg und ein Betriebswerk bzw. eine Lok-Einsatzstelle. Vor allem im Berliner Raum sah man die Bedeutung eines jeden Güterbahnhofes. Vom Rangierbahnhof (Rbf) Pankow ging es zum Güterbahnhof (Gbf) Greifswalder Straße, zur Leninallee (heute Landsberger Allee) mit dem Anschluss zum Zentralviehhof (Storkower Str.) weiter am Container-Bahnhof

An die Braunkohleförderung gab die DR die 254 058 ab.

Schwerer Verschubdienst im Bahnhof Magdeburg-Rothensee

Frankfurter Allee, Verschiebebahnhof Schöneweide. Hinzu kamen die Bedienung der Industriebahn Weißensee von Pankow (Blankenburg) aus mit zahlreichen Werkanschlüssen oder der Anschluss Gaswerk Greifswalder Straße. Selbst mit dem Bau des Verschiebebahnhofs (Vbf) Wuhlheide ab 1953 gab es für das Ostberliner Stadtgebiet keine Entlastung. Ähnlich war das Bild in anderen Ballungsgebieten wie Leipzig (Engelsdorf, Wahren), Magdeburg (Rothensee und Buckau) oder auch Dresden, Halle, Rostock, Erfurt. Neben Ganzzügen gab es auch die Nahgüterzüge, die auf der Strecke Anschließer (Betriebe mit Gleisanschluss) bedienten. Auf Nebenbahnen stellte man sogar Güterwagen den Personenzügen bei. Neben zahlreichen Rangier-, Berg- und Beidrückloks mussten fertiggestellte Züge, egal zu welcher Zeit, sofort mit einer Zuglok möglichst bis zum Endpunkt abgefahren werden. Braunkohle kam aus der Lausitz, kam bis Königs Wusterhausen zum Binnenhafen oder fuhr weiter in Form von Briketts zu den Verbrauchern. Kali kam aus Thüringen und sollte zum Hafen Wismar. Ölprodukte fuhren von Schwedt (Oder) bis Angermünde und Berlin und wurden neu verteilt. Hinzu kamen Kies und Betonteile für das Wohnungsbauprogramm in der Hauptstadt.

Der Güterverkehr forderte starke Lokomotiven. Ausreichend Elloks gab es nicht. Im Rangierdienst versuchte die DR mit der E 44 auszuhelfen. Dampfloks waren bis Mitte der 1980er-Jahre zu diesem Zweck unentbehrlich.

Container-Verkehr

18

Der mittlerweile Unverzichtbare

Der Behältertransport per Bahn geht bis in das 19. Jahrhundert zurück. Die Sache ist also nicht gerade „brandneu". Die heutige Bedeutung fußt auf der Vereinheitlichung der Behälter, der Container. Diese Normung definierte Standardgrößen, die sogenannten Dry-Container sind 20- und 40-Fuß-Container. Auch die DDR beteiligte sich mit ihrer Bahnspedition DR als Mitbegründer bei der „Internationalen Gesellschaft für den Transport in Transcontainern". Ab 1968 baute die DR am Bahnhof Frankfurter Alle in Berlin ihren ersten Container-Bahnhof mit zwei Portalkränen und 18 Aufstellflächen mit 1000 Containern. Der erste mit Containern beladene Zug fuhr am Juni 1968 zum Rostocker Seehafen.

Neben dem Binnenverkehr, es waren über 500 Betriebe eingebunden, fuhr die DR ihre Container vor allem im internationalen Verkehr an die Ostsee-Anrainerstaaten sowie mit dem Ziel Übersee zu den Häfen von Rostock und Hamburg sowie auf dem Schienenwege in die RGW-Länder. Im Netz der DR entstanden weitere Container-Bahnhöfe. Dazu zählte Dresden-Friedrichstadt wie auch im Westteil von Berlin am Hamburger und Lehrter Bahnhof und in Neukölln.

7.000 Orte waren nun in den Verkehr der DR einbezogen. Die DR hielt für 16.000 Großcontainer 1000 vierachsige Transportwagen bereit. Vereinzelt sah man auch wegen dem Mangel an Wagen einen Container in einem anderen Güterwagen.

Ein Güterzug mit der 52 2163 durchfährt Berlin Frankfurter Allee.

Der Seehafen Rostock

19

Wichtig für den Im- und Export

Nach der Teilung Deutschlands war es für die SBZ bzw. die DDR wichtig, einen Hochseehafen auszubauen. Der neue Seehafen, nordöstlich der alten Hafenstadt Rostock, wurde am 30. April 1960 eröffnet. Zeitgleich entstand ein umfangreiches Gleisnetz. Von der Strecke Rostock – Stralsund zweigt die neue Strecke unweit von Bentwisch ab. In der Folge wurde über Plaaz – Lalendorf weiter dann Berlin erreicht. Dazu wurde dieser Abschnitt neu und die gesamte Strecke für 120 km/h zweigleisig ausgebaut. Der gesamte Bahnhof Rostock Seehafen ist 7 km lang. Insgesamt sind es 108 km Gleise und 720 Weichen. Aufgeteilt in Richtungs-, Ordnungs- und Ausfahrgruppe regeln mehrere Befehls-, Wärter- und Rangierstellwerke den Betrieb. Damit sind auch 21 Schiffsliege- und Umschlagplätze direkt angeschlossen.

Ab 1985 unter Strom

Um in der Folge den Betrieb optimal durchzuführen, entstand in Rostock Hbf ein Zentralstellwerk mit einem Fernsteuerbereich bis Waren. Im Seehafen baute die DR ein kleines Bahnbetriebswerk. Bis 1985 wurde Rostock an das elektrifizierte Netz der DR angeschlossen. 96 Prozent aller Güter zum und aus dem Seehafen beförderte die DR.

Gesamtansicht des Bahnhofs Seehafen Rostock

Die „nautische“ DR

Fähren über die Ostsee

20

Die Trajektverbindung von Berlin über die Lloydbahn nach Rostock, vom Fährbahnhof Warnemünde ins dänische Gedser zählte ab 1903 zur ersten Fährverbindung über die Ostsee. Nach dem Zweiten Weltkrieg begann die DSB (Dänische Staatsbahn) wieder mit dem Verkehr, ehe die Deutsche Reichsbahn ab 1963 mit ihrem neugebauten Fährschiff „Warnemünde“ die Route paritätisch bediente. Zu den internationalen Verbindungen zählten der „Neptun“ oder der „Ostsee-Express“. Zeitweise wurden auch die Triebwagen der Bauart Görlitz trajektiert. Warnemünde war daher bis zur Einstellung des Fährverkehrs 1995 Grenzbahnhof.

Auf nach Schweden

Die Königslinie verbindet seit 1897 Saßnitz (seit 1993 Sassnitz) mit Trelleborg in Schweden. Anfangs legten nur Postschiffe die Strecke zurück. Ab 1909 konnten allerdings auch Eisenbahnfahrzeuge über die Ostsee befördert werden. Während des Zweiten Weltkriegs musste der Verkehr immer wieder unterbrochen werden. Und nach Kriegsende ruhte der Verkehr aufgrund von Kriegszerstörungen bis 1948. Für die viergleisige Fähre „Trelleborg“ musste 1958 der Fähranleger im Hafen von Saßnitz umgebaut werden. „Berlinaren“, „Meridian“ oder „Saßnitz-Expreß“ waren klangvolle Zugnamen, die nach Skandinavien Verbindungen herstellten.

1998 zog die Fährgesellschaft nach Sassnitz-Mukran um. Aufgrund des unsicheren Transportweges durch Polen zur UdSSR hatte man sich 1982 zum Bau des Fährhafens Mukran entschlossen. 1986 verkehrte die erste Fähre nach Kleipeda (Litauen). Die Fähren wie ein Teil des Bahnhofs wiesen Breitspurgleise vor. Für die „Warnemünde“ war die DR die Reederei; hier nun die VEB Seereederei Rostock (DSR).

Wussten Sie schon?

Die Strecke vom Fährhafen zum Bahnhof der Stadt war die nördlichste Steilstrecke der DR. Neben der Steigung vom Hafen zum oberen Bahnhof war vor allem auch die 180-Grad-Kurve eine Herausforderung für die Loks der Baureihe 03.10, die die Kurswagen dort abholten.

Die Kurswagen des „Neptuns“ verlassen das DR-Fährschiff Warnemünde.

Brücken und Viadukte

21

Über sieben, nein 12.000 …

Ja, über 12.000 Brücken verfügte die DR. Dazu zählen allerdings jegliche Bauwerke, die mindestens einen Zwischenraum von zwei Metern überwinden. Große Viadukte und lange Brücken fanden sich aber auch darunter. Im 19. Jahrhundert waren die Herausforderungen beim Bahnbau im Gebirge besonders groß, Täler und Flussläufe waren zu überwinden. Es entstanden seinerzeit eine Vielzahl von Gewölbebrücken aus Naturstein- und Ziegelmauerwerk. Später kamen Stabbogen, Vollwandtrog, Stahl oder Fachwerk hinzu. Die älteste Brücke, wenn auch nur noch im Fundament, ist von 1838 an der Strecke Leipzig – Dresden unweit von Wurzen.

Das bröselige Erbe

Krieg und stärkere Benutzung ohne Grundsanierung setzten vielen Brücken im Netz der DR zu. Die Elbbrücke bei Wittenberge konnte bis zu ihrem Neubau nur im Schritttempo befahren werden. Das Hetzdorfer Viadukt wurde zwischen 1987 und 1992 neu errichtet. Dadurch verkürzte sich die Strecke. Das alte Viadukt blieb als Wanderweg erhalten.

Die Muldentalbahn unterquert das Göhrener Viadukt.

95 1027 fährt bei Lichte Ost über das Viadukt.

Bekannt sind viele Brücken durch Dampfloksonderfahrten. Dazu zählt insbesondere die Göltzschtalbrücke bei Reichenbach (Vogtl). Aus Ziegeln 1846–1851 gefertigt, ist sie 78 Meter hoch und 540 Meter lang. Aus Granit sind dagegen das Neißeviadukt bei Görlitz (45 Meter hoch/472 Meter lang, von 1847), das alte Hetzdorfer Viadukt (43/326 Meter von 1868) oder die Eltertalbrücke bei Jocketa von 1851 (68/279 Meter). Das Göhrener Viadukt an der Muldentalbahn überspannt mit der Bahnstrecke Leipzig–Karl-Marx-Stadt (Chemnitz) die Route Rochlitz–Glauchau (Sachs). Nach Verfüllungen einiger Bögen zwischen 1982 und 1986 beträgt die Länge nur noch 381 Meter statt ursprünglich 512 Meter. Die Höhe von 68 Metern blieb erhalten.

Bedeutende Längen weisen auch die Überquerungen der Oder bei Frankfurt (O) mit 450 Meter, der alten Elbebrücke bei Wittenberge mit 1.030 Meter, und der Elbebrücke bei Torgau mit 350 Meter auf. Das sind bzw. waren Brücken aus Stahl, Flusseisen oder Stabbogen.

Oft fotografiert sind die Viadukte von Lichte Ost (Bruchstein von 1913, 30/258 Meter) oder Markersbach in Sachsen von 1888 (Schweißeisen, 23/237 Meter). Als Viadukt-Abschnitte gelten zudem die Teile der Berliner Stadtbahn oder die zum Teil verfüllten Bögen im Elbtal bei Königstein. 1991 wurde ein weiteres Viadukt verfüllt, dieses bei Crossen (bei Mittweida) vollständig über die Länge von 155 Metern.

Damm und Brücke

Was „klapp"ert denn da?

22

Der Rügendamm ist Teil der sogenannten Strelasundquerung. Schon im 19. Jahrhundert wurde daran geplant. Aber erst 1936 wurde das Dammbauwerk einschließlich der Ziegelgrabenbrücke nach fünfjähriger Bauzeit errichtet. Diese 28 Meter langen Klappbrücken, je ein Teil für die Gleise und einer für die Straße, gibt im geöffneten Strang die Zugfahrt vom Greifswalder Bodden zum Hafen von Stralsund frei. Mehrmals am Tag werden die Brücken noch immer geöffnet. Nach der einstigen Festungsinsel Dänholm folgt der 2.450 Meter lange Rügendamm und schließlich die 540 Meter lange Sundbrücke. Vom Bahnhof Rügendamm zweigen auch mehrere Gleise zum Hafen und zur Volkswerft Stralsund ab.

Die Fähre wird abgelöst

Bis zur Fertigstellung der Brücken-Damm-Kombination 1936 musste die DR die Reisezugwagen von Stralsund nach Altefähr auf einer Fähre trajektieren. Dann ging die Zugfahrt über Bergen weiter bis zum Fährhafen von Saßnitz, um nach Schweden zu gelangen.

Erst öffnet die Bahn-, dann die Straßenbrücke.

Stehen beide Brücken, stellt der Bahnwärter die Schifffahrtssignale.

Das Nadelöhr ist nicht nur für Hobbysegler direkter Zugang zum Hafen.

Wussten Sie schon?

Eine weitere Klappbrücke befindet sich nördlich des Bahnhofs Anklam. Diese wurde erst 1938 erbaut. Zu DR-Zeiten war sie aufgrund baulicher Mängel zeitweise nur eingleisig befahrbar. Inzwischen fahren keine Züge mehr über die Meiningenbrücke von 1910 bei Barth, dieser rare Fall einer Drehbrücke.

Eisenbahn über den Bodden

Einst Teil einer „durchgängigen" Verbindung

23

Auf der etwa 350 Meter breiten Meerenge zwischen dem Breetzer Bodden und Rassower Strom beförderte einst die Wittower Fähre Wagen der Rügenschen Kleinbahn (RüKb). Zwischen Bergen–Trent–Wittower Fähre–Fährhof–Wiek–Altenkirchen bestand seit 1896 eine „durchgängige" Zugverbindung. Mit der Verlagerung der Transporte auf die Straße wurde der nördliche Abschnitt im September 1968 stillgelegt. Die Fähren dienten weiter dem Auto- und Fußgängerverkehr.

Schiff Stralsund

Bedingt durch die Sprengung der direkten Bahnverbindung zur Halbinsel Usedom und der Grenze zu Polen konnte die DR über viele Jahre Fahrzeuge nur über eine Fähre von Wolgast nach Wolgast Fähre befördern. Dazu nutzte die DR das Dampfschiff „Stralsund". Da der geplante Kesselneubau nicht mehr Ende der 1980er-Jahre realisiert werden konnte, musste ein Schlepper, der seitlich befestigt war, die Fähre über den Strom bugsieren.

Ein Personenzug der RüKb wartet auf Wagen im Bahnhof Wittower Fähre.

Das Mitteilteil der Karminer Hubbrücke steht noch

Wussten Sie schon?

Bei Karnin ist der Mittelteil der einstigen Hubbrücke der direkten Eisenbahnverbindung Berlin – Usedom noch zu sehen. Teile der Brücke wurden wenige Tage vor Kriegsende, am 29. April 1945, gesprengt.

Reichsbahnausbesserungswerke

Feldschmiede und Großwerk

24

Für Lokomotiven und Wagen hielt die DR eine Vielzahl von Reichsbahnausbesserungswerken (Raw) vor. Sie stammten zum Teil noch aus Zeiten der ersten Bahnen in Deutschland. Besserten die Länderbahnen in Betriebswerkstätten ihren Fuhrpark aus, konzentrierte die Deutsche Reichsbahn ab Mitte der 1920er-Jahre die planmäßige Instandhaltung. Dazu zählt beispielsweise die Hauptwerkstatt der KED (Königlichen Eisenbahndirektion Berlin), das spätere Raw Warschauer Straße in Berlin.

Feierliche Übergabe in Chemnitz

Neben den jüngeren Werken für Elloks in Dessau und S-Bahnen in Berlin-Schöneweide organisierte die DR nach dem Traktionswechsel von Dampf auf Diesel die Werkstätten um. Zwickau und Leipzig-Engelsdorf besserten künftig Güterwagen aus, Karl-Marx-Stadt Diesellokomotiven. Für Dampflokomotiven blieben zunächst die Werke in Meiningen und Stendal sowie für die schmalspurigen Exemplare das aus dem Bw umgewandelte Werk in Görlitz-Schlauroth. Wittenberge besserte Triebwagen und Reisezugwagen aus. Letzteres traf ebenso auf das Raw Delitzsch bei Leipzig und auf Gotha für Speisewagen zu. In Magdeburg, Dresden-Friedrichstadt und Eberswalde wurden ebenso Güterwagen repariert. Der

Karl-Marx-Stadt, nach 1990 wieder Chemnitz, war nun Schwerpunktwerkstatt aller Dieselloks.

Schwerpunkt lag zweifelsfrei auf Güterwagen. Selbst in kleinsten ehemaligen Kleinbahnwerken wurde zugearbeitet – so in Malchin für Güterwagen. Die Werkabteilung Perleberg war bekannt für die Instandsetzung und Rekonstruktion von allen Schmalspurwagen. Weitere Werkabteilungen gab es u. a. in Quedlinburg, Niedersachswerfen oder Weimar.

Sonderfall Cottbus

Eins der modernen Werke war (und ist) in Cottbus. Dort konzentrierte die DR die Untersuchungen aller sowjetischen Großdiesellokomotiven. Das Raw Rostock baute künftig nur noch Dieselmotore.

Eine besondere Stellung hatten die Raw in Berlin-Grunewald und Tempelhof, im Westteil der Stadt. Lange Zeit reparierten sie nur eigene Fahrzeuge, in Tempelhof aus Halle zugeführte Tenderlokomotiven, da Halle alle Kleindiesellokomotiven übernommen hatte. Nach den Veränderungen ab 1980 wurde Tempelhof zur Unterhaltungsstelle für Triebfahrzeuge, Grunewald für Bahnanlagen. Kurz nach der Wende stand ihre Schließung an. Ähnlich erging es dem traditionsreichen Raw Potsdam mit den kurzen Reisezugwagen. Eine Ausnahme war das Raw Halberstadt, dort baute man Reisezugwagen neu für die DR.

Komplexdienststelle

25

Das Bahnbetriebswerk Berlin Ostbahnhof

Die Verwaltung Maschinenwirtschaft der DR war in den 1960er-Jahren der Ansicht, dass die von Partei und Regierung gestellten Transportaufgaben von zentralen Großdienststellen besser zu erfüllen wären. So entstanden bei der DR ab 1965 Groß-Bw in Dresden, Eisenach, Erfurt, Neustrelitz, Reichenbach, Stralsund, Halle, Güsten und Magdeburg.

1968 begann die Bildung der sogenannten Komplexdienststelle Berlin Ostbahnhof. Der Gesamtaufwand der Arbeiten in den zusammengelegten Dienststellen sollte wirtschaftlicher, einheitlicher und mit größerem Nutzeffekt organisiert werden. Die Qualifizierung der Mitarbeiter, die beim Übergang zur Dieseltraktion erforderlich wurde, konnte gemeinsam besser bewältigt werden. Der Triebfahrzeugbestand und die Anlagen sollten durch Leistungsoptimierungen besser genutzt werden können und vor allem in der Verwaltung und im Bereich der Triebfahrzeugunterhaltung erhoffte man sich Personaleinsparungen.

Im Jahr 2004 wurde das Bw Ostbahnhof nahezu vollständig abgerissen.

Auf engstem Raum die modernen Triebfahrzeuge

Einsparungen

Da im Bw Ostbahnhof Dieselloks angesiedelt werden sollten, wurde die Unterhaltung der Dampfloks in das Bw Lichtenberg verlagert. Das Bw Berlin-Lichtenberg, welches bis dahin noch alle Organe eines selbstständigen Bahnbetriebswerkes aufwies, verlor am 1. August 1970 seine Eigenständigkeit und wurde dem Bw Ostbahnhof als Einsatzstelle angegliedert. Von den 827 Mitarbeitern beider Dienststellen konnten 24 eingespart werden. Weiterhin wurde die Diesellokunterhaltung des Betriebsteiles Rummelsburg des Triebwagen-Bws Karlshorst dem Bw Ostbahnhof zugeschlagen. Karlshorst gab gleichzeitig fast alle Diesellokomotiven ab.

1975 erfolgte die Teilinbetriebnahme der im Ostbahnhof für die Diesellokinstandhaltung errichteten Anlagen. Neben einer neuen Lokhalle waren eine Tankanlage, ein Öllager und ein neues Verwaltungsgebäude errichtet worden. 1976 konnte der Umbau mit Inbetriebnahme der östlichen Fahrzeughalle abgeschlossen werden. Die Dienststelle bekam die sowjetischen 132 zugewiesen, die sie über viele Jahre betreute. 1987 sind Bahnhof und Bw in Berlin-Hauptbahnhof umbenannt worden. Neben Dieselloks waren inzwischen auch Elloks zu betreuen. Bis zur Schließung 2002 war der Betriebshof noch ein wichtiger Werkstandort in der Hauptstadt. (WD)

Raw Görlitz

26

Früher ein Bahnbetriebswerk für Elloks

Einst ein Bahnbetriebswerk wurde das Schlaurother Werk infolge des Zweiten Weltkriegs in die Bedeutungslosigkeit gestürzt. Seit 1924 an das elektrisch betriebene Streckennetz Schlesiens angeschlossen, beherbergte es über viele Jahre neben hauptsächlich preußischen Dampflokomotiven und wenigen Reichsbahnbauarten vor allem elektrische Lokomotiven. Die Grenzziehung nach Kriegsende teilte das in Niederschlesien liegende Görlitz und trennte es von Schlesien ab – künftig gehörte der einst preußische Ort zu Sachsen.

In dem zur Lokabteilung des Bw Görlitz degradierten ehemaligen Betriebswerk Schlauroth ließ die Reichsbahndirektion Dresden Lokomotiven und Wagen ausbessern, darunter auch Schmalspurlokomotiven. Zum 1.1.1950 wurde aus dem Provisorium ein eigenständiges Reichsbahnausbesserungswerk (Raw). Zunächst nur in einer Halle, ab 1955 auch in der ehemaligen Wagenhalle wurde die Lokausbesserung fortgeführt und erweitert. Seit dem 8.9.1955 trug das Werk den Namen Raw „Deutsch-Sowjetische Freundschaft" Görlitz.

Keine Schmalspurloks mehr

Gehörten bis 1957 neben den Schmalspurlokomotiven auch normalspurige Dampflok in den Aufgabenbereich des Raw, war es ab 1958 ausschließlich für Schmalspur- sowie Werklokomotiven zuständig. Durch die Übernahme zahlreicher Klein- und Privatbahnen durch die DR

Eine Einheitslok aus Sachsen auf der Schiebebühne

Gleise mit unterschiedlichsten Spurweiten führten durch die Halle.

1949/50 hatte sich die Zahl, aber auch die Vielfalt der Fahrzeuge drastisch erhöht. Die Fahrzeugausbesserung kam oft einem teilweisen oder gänzlichen Neubau gleich, es mussten Rahmen und Kessel gefertigt werden. 1950 waren 263 Maschinen zu betreuen, ihre Zahl sank bis 1989 auf 89, deren Dienstalter zwischen 35 und 90 Jahren lag. Ab 1.1.1972 gehörte Görlitz zum Raw Cottbus. Die beabsichtigte Stilllegung aller Schmalspurbahnen und die damit entfallenden Aufgaben sollte durch Zuarbeit zur Diesellokausbesserung ausgeglichen werden. Die anfängliche Aufarbeitung von Zylinderköpfen wurde, als feststand, dass weiter Schmalspurlokomotiven in Görlitz zu unterhalten waren, nach Halle und Wilsdruff verlagert. Das seit dem 1.1.1978 wieder eigenständige Raw bekam zusätzliche Aufgaben durch den Bau und die Instandhaltung von Dreikraftbremsen.

Mit der Wende und dem danach einsetzenden Strukturwandel nahm nicht nur der Güterverkehr auf der Schiene ab, auch sank die Zahl der zu unterhaltenen Schmalspurlokomotiven weiter. Die Aufarbeitung schmalspuriger Personenwagen und von wenigen normalspurigen Dampflok ab 1992 blieb nur eine Episode. Die DB AG setzte mit der Umstrukturierung ihrer Werke dem ehemaligen Raw 1996 ein Ende. (DW)

Das Dampflokwerk Meiningen

Eine Legende lebt

27

Meiningen ist heute der Inbegriff der Dampflokinstandhaltung. Die Geschichte geht bis in das Jahr 1910 zurück. Nachdem die einstigen Werkstätten am Bahnhof zu klein geworden waren, begannen 1908 die Planungen für eine neue Eisenbahnwerkstätte. 1910 war der erste Spatenstich und bereits am 2. März 1914 wurde das Werk in Betrieb genommen. Das spätere Eisenbahnausbesserungswerk (EAW) war zuständig für Lokomotiven und Wagen der Preußischen Staatsbahn. Zehn Jahre später wurde es zum Reichsbahnausbesserungswerk und 1926 musste es mit einer neuen Lokrichthalle bereits erweitert werden. Neben der alten Lokhalle verfügte das Raw unter anderem noch über eine Wagenhalle, Schmiede und Gießerei, Badeanstalt sowie Kantine.

Als die Reichsbahn die Aufgaben neu strukturierte, war Meiningen fortan für die Ausbesserungen und die Hauptuntersuchungen der jungen Einheitslokomotiven der Baureihen 01, 02, 43 und 44 zuständig. Die Wagen gab man nach Gotha ab. In der Wagenhalle reparierten die Schlosser des Werkes nun Tender.

38 2267 ist im Raw Meiningen fertig zur Probefahrt.

Blick in die Richthalle: Komplettierung der 41 1231

Kurzzeitig ein VEB

Nach dem Zweiten Weltkrieg, dem Wechsel der Besatzer, war das Raw zunächst ein Volkseigener Betrieb, ehe es wieder als Raw formell fungierte. Ab 1958 rekonstruierte das Raw zahlreiche Dampflokomotiven. Oft glich das einem Neubau. Mit der Umwandlung der Werke in Karl-Marx-Stadt und später in Stendal betreute Meiningen in der Endzeit der Dampftraktion alle Baureihen – von der 01 bis zur 95.

Rund 3.000 Eisenbahner waren dort zeitweise beschäftigt. Wurden vor dem Krieg fast 60 Lokomotiven je Monat ausgebessert, waren es im Zweiten Weltkrieg bis zu 87. Danach sank die Zahl stetig, Mitte der 1980er-Jahre auf 30. Im Raw waren zur Ausbesserung inzwischen Zementsilowagen und Beiwagen der Triebwagen eingetroffen. Zeitgleich baute man Öl-Loks wieder auf Kohlefeuerung zurück, schuf zwei Kohlenstaublokomotiven und kümmerte sich um die vielen betriebsfähigen Museumsrösser. Hinzu kam der Bau von Schneepflügen sowie von Dampfspeicherloks für die Industrie und von Drehgestellen für die Berliner U- und S-Bahnfahrzeuge.

Bereits 1990 nutzten viele Vereine aus der Bundesrepublik das Raw für ihre Dampfloks, trotzdem ging der Personalbestand stark zurück. Das Dampflokwerk (DLW) existiert noch heute, Schmalspurloks sind auch in Arbeit und Wagen werden ausgebessert.

Das T-Bw Berlin-Karlshorst

Heimat der „fliegenden Züge"

28

1953 wurde das Triebwagen-Bahnbetriebswerk Karlshorst gebildet, welches aus der Triebwagengruppe des Bahnbetriebswerkes Berlin-Anhalter Bahnhof hervorgegangen war. Auf der Suche nach einem neuen Standort im östlichen Sektor Berlins war man 1950 auf die ehemalige Dampflok-Dienststelle gekommen, die in der Nähe des nun wichtigen Ostbahnhofes lag. Drei Jahre später war dann auch amtlich das einzige Triebwagen-Bahnbetriebswerk der DR bestätigt worden. Beim Einzug der Triebwagengruppe in Karlshorst waren schon drei Schnelltriebwagen vorhanden, mit denen die Strecken nach Hamburg und Prag befahren wurden. Außerdem gab es eine Vielzahl kleinerer Triebwagen, die im Reisezug- und Sonderverkehr für Besatzer und Regierung eingesetzt wurden. Weiterhin hat die DR die Kleinlokgruppe vom Bw Lehrter Bahnhof nach Karlshorst verlegt.

Immer mehr Verbindungen

In den 1950er-Jahren kamen weitere Altbaufahrzeuge und neue Schnelltriebwagen aus Ungarn in den Bestand. Damit konnte die DR das Netz ihrer internationalen Verbindungen weiter ausbauen. Der erste neue Zug war der „Saßnitz-Expreß" zwischen Saßnitz und München. 1957 kam der „Vindobona" zwischen Berlin und Wien erstmals zum Einsatz. Später kamen die Triebwagen auch als „Berolina" nach Brest und als „Hungaria" nach Budapest. Nach Zuführung der Neubautriebwagen der Bauart Görlitz wurden nach 1964 weitere Relationen nach Kopenhagen, Malmö und Karlovy Vary eingerichtet. Bereits 1963 war die erste Großdiesellok der Baureihe V 180 in Karlshorst beheimatet worden, da man dort schon Erfahrungen mit Dieselmotoren hatte. Zeitweise gehörte auch das Werk Rummelsburg mit seinen Rangierdieselloks zur Karlshorster Dienststelle. In den 1970er-Jahren sind die Triebwagen aus den internationalen Leistungen verdrängt worden. Vorerst konnten sie ihr Gnadenbrot noch auf den Strecken von Berlin nach Bautzen und Leipzig verdienen. Nach und nach hat die DR aber immer mehr lokbespannte Züge eingesetzt. Bis 1981 waren schon fast alle Triebwagen abgestellt und das Bahnbetriebswerk stand einer Erweiterung des benachbarten Wagenwerkes im Wege. Deshalb wurde beschlossen, das Triebwagen-Bahnbetriebswerk 1981 aufzulassen. (WD)

Das T-Bw Karlshorst mit verschiedenen SVT und auch Dampfloks

Umbau des T-Bw in ein modernes Wagenwerk (Bww)

Leipzig Hbf

Die „Eisenbahnkathedrale"

29

Mit sechs Bahnsteighallen und 26 Gleisen zählte der Leipziger Hauptbahnhof zu den größten Kopfbahnhöfen. Der Schlussstein des Baus wurde nach sechsjähriger Bauzeit am 4. Dezember 1915 eingesetzt. Der Bahnhof war zunächst zweigeteilt – ein sächsischer bestand neben einem preußischen. Somit gab es damals alle Anlagen doppelt, auch die großen Speisesäle gab es zweifach. Selbst in der Zwischenkriegszeit ordnete die „alte" Reichsbahn die Bereiche den neuen Reichsbahndirektionen Halle und Dresden zu. Erst 1934 unterstellte man den gesamten Hauptbahnhof der Rbd Halle. Der neu erbaute Hauptbahnhof ersetzte die alten Anlagen der Dresdner, Magdeburger und Thüringer Bahn aus der Länderbahnzeit.

Wiederaufbau

Vom April bis Ende Mai 1945 ruhte kriegsbedingt der Verkehr. Der Wiederaufbau dauerte bis 1950 für die Westhalle, weitere Jahre für die Osthalle. Unter anderem an der Glasbedachung baute man bis 1963.

Doppelbespannung eines Personenzuges im Leipziger Hauptbahnhof

Die E 04 01 fährt mit einen Doppelstockgliederzug in den Bahnhof

Besonders im Messeverkehr mit täglich 200.000 Reisenden bot der Hauptbahnhof ein besonderes Bild. Zu DR-Zeiten regelten die Stellwerke bis zu 560 Zugfahrten täglich. Zeitgleich mit dem Bau des großen Kopfbahnhofes errichtete man die Bahnbetriebswerke Leipzig Hbf West (mit zwei Rundschuppen), Leipzig Hbf Nord und Hbf Süd.

Wofür steht EZMG?

30 Der Fortschritt ereilt auch kleine Bahnhöfe

Bereits ab 1955 entwickelte das Werk für Signal- und Sicherungstechnik Berlin (WSSB) Gleisbildstellwerke (Gs). Waren die ersten noch fahrstraßenbezogen, folgte ab 1969 das Spurplanprinzip (GS Sp 64/68). Im Baukastensystem mit Tischfeldern von jeweils 40 x 40 mm, die zusammen einen Stellbereich ergaben, hatte der Fahrdienstleiter auf seinem Pult die Stell- und Übersichtsmöglichkeit aller Weichen und Signale, Flankenschutzeinrichtungen und Gleisbesetztanzeige. Von Vorteil war auch – bis heute unerreicht – die Fahrstraßenspeicherung, die Speicherung mehrere Züge in Reihenfolge. Bedient wurde – entgegen der SIEMENS-Stellwerke bei DB – mit Drucktasten. Eins der ersten Stellwerke der Bauform GS I ist heute noch im Grünauer Kreuz im Betrieb. Von der Bauform GS II von 1958 war das erste Stellwerk in Waldrehna (Berlin – Dresden). Die GS II und III der Spurplantechnik Sp 64/Sp 68 bildeten zudem auch Rangierfahrstraßen ab.

Alte Stellwerke werden abgelöst

Diese Stellwerke lösten zumeist mehrere alte Stellwerke eines großen Bahnhofs ab und bedienten teilweise auch benachbarte Betriebsstellen mit. Hervorzuheben ist der einstige und große Fernsteuerbereich

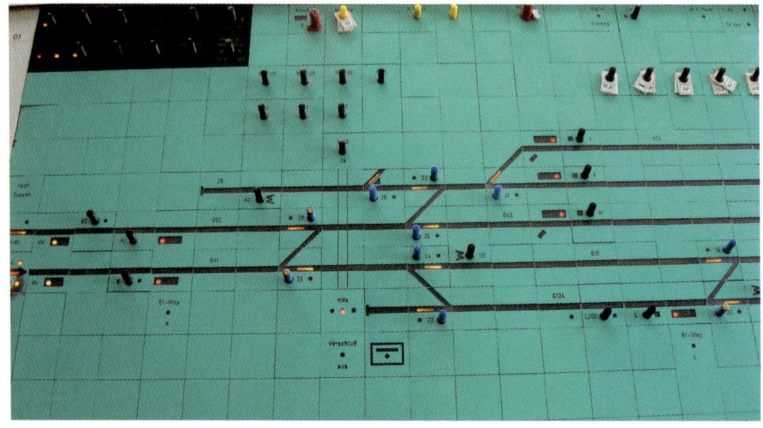

Bedieneinrichtung eines WSSB-Gleisbildstellwerkes

Große Tasten eines sowjetischen EZMG-Stellwerks an der Nebenbahn

Rostock Hbf (a) – Waren (a). Die Technik wurde mit der Bauform III und Gs-Stellwerken für den automatischen Ablaufbetrieb weiterentwickelt. Mit dem Neubau der Gs-Stellwerke entstanden zumeist gleichzeit neue Gebäude verschiedenster architektonischer Stile. Stelltische der Gs-Bauarten wurden in den vergangen Jahrzehnten aber auch in bestehende Stellwerksgebäude eingebaut bzw. als Zusatz für fernbediente Abschnitte neben konventioneller mechanischer Technik beigefügt. Mit der Abgabe von DR-Infrastruktur an den West-Berliner Senat für den Bau der Stadtautobahn baute die Firma SIEMENS mehrere Gleisbildstellwerke für die DR in Berlin-West. Dazu zählten u. a. Wilmersdorf, Marienfelde oder Charlottenburg Gbf.

Für die „Elektrische Zentralisierung kleiner Bahnhöfe Deutschlands" (Elektritscheskaja zentralisazija malych stanzij Germanii = EZMG) importierte die DDR ab 1976 aus der UdSSR diese besondere Art der Gleisbildstellwerke. 77 Stück wurden in kleineren Bahnhöfen, oft nur drei bis fünf Gleise „groß", eingebaut. Auffallend waren neben dem klobigen Tischpult auch die Signale mit ovalem Signalschirm und langen Schuten wegen möglicher Sonneneinstrahlung. Die meisten EZMG-Stellwerke sind heute außer Betrieb.

Raw Schöneweide

31

Für die S-Bahn da

Das am 15.10.1927 in Betrieb genommene und 1930/31 erweiterte Reichsbahnausbesserungswerk war bei der DR zunächst in erster Linie für die Berliner S-Bahn zuständig. Von dem zwischen Niederschöneweide und Adlershof gelegenen 220.000 m² großen Werksgelände waren ca. 55.000 m² bebaut. Neben damals modernen Werkstatthallen und Verwaltungsgebäuden gehörten zum Raw Schöneweide auch eine Berufsschule, eine Poliklinik sowie weitere Sozialeinrichtungen.

Nach der Instandsetzung der durch den Krieg beschädigten S-Bahnfahrzeuge wurde von 1954 bis 1959 die Generalreparatur der Baureihe 165 durchgeführt, ab 1958 erfolgte die erweiterten Aufarbeitung der Baureihe 166 und 167, ab 1967 begann ein erstes Modernisierungsprogramm der Baureihe 167, ab 1973 eine umfassende Modernisierung der Baureihe 277, die in weiten Teilen einem Neubau gleich kam. Infolge der Teilung Berlins wurden ab 1949 zunehmend Aufgaben für die Berliner Verkehrsbetriebe (BVG) übernommen. Dazu gehörten Hauptuntersuchungen von U-Bahnen, ab 1954 auch für Straßenbahnen, von 1962 bis 1989 der Neubau von U-Bahnfahrzeugen für die Linie E aus ehemaligen S-Bahnzügen. Zusätzlich wurden von 1971 bis 1975 über 500 Straßenbahnwagen aller Typen verschiedener Städte der DDR modernisiert. Ab 1971 baute das Raw Schöneweide Kraftrottenwagen. Weiterhin war Schöneweide für die Ausbesserung der Fahrzeuge der Buckower-Kleinbahn verantwortlich und übernahm zeitweilig zudem die Ausbesserung von Triebwagen-Beiwagen. (DW)

Straßenbahn, S-Bahn, U-Bahn – alles wurde im Raw Schöneweide repariert.

Neue Lichtsignale

32

Internationale Übereinkunft

Die Organisation der Eisenbahnen im Rat für gegenseitige Wirtschaftshilfe (RGW), die Organisation für die Zusammenarbeit der Eisenbahnen (OSShD), beschloss ein einheitliches Lichtsignalsystem. Die DR führte daraufhin das Hl-System, Hauptlicht-Signalsystem, ab 1958 ein. Insgesamt 17 Signalbilder waren vorgesehen. Grundsätzlich neu gegenüber den veralteten Formsignalen (Hf) war die Kombination der Signalbedeutung an diesem Signal und die Vorsignalisierung des folgenden Hl-Signals.

An der S-Bahn orientiert

Dabei orientierte man sich auch an den Lichtsignalen der Berliner S-Bahn in der Signalverbindung (Sv). Neben der integrierten Vorsignalisierung bestanden neben dem Haltebegriff noch vier Geschwindigkeitsvorgaben (40, 60, 100 und 120 km/h). Neu waren zwei Leuchtstreifen in gelb bzw. grün. Die Vorsignalisierung war auf Stand- bzw. Blinklicht aufgebaut. Hinzu kam das Ersatzsignal Zs 1 und zumeist das Rangiersignal Ra 12. Ergänzt durch drei unterschiedliche Mastschilder (rot, weiß-rot-weiß und weiß-schwarz-weiß-schwarz-weiß) wurden unterschiedliche fahrdienstliche Regeln, insbesondere bei Fahrten auf Zs 1 (= Ersatzsignal) oder beim sogenannten permissiven Fahren auf Sicht. Die Hl-Signale kamen nicht nur bei Neubauten von Gleisbildstellwerken zur Anwendung, auch mechanisch wurden sie angesteuert.

Leuchtstreifen auf grün, oben grün blinkend: Fahrt mit 100 km/h

Signalmittelkontrolle

33

Immer dienstags

Über Jahrzehnte war dies Pflichtprogramm am Dienstag: Der Fahrdienstleiter oder der Weichenwärter kontrolliert Signalmittel und Ausrüstungsgegenstände und trägt das Ergebnis seiner Prüfung in ein Fernsprechbuch ein. Zur Kontrolle sind die Behelfslaternen (Sturmlampen), rot abblendbare Lampen, die bewegliche Sh 2-Scheibe, das Signalhorn und die Signalfahne und die Signale der K- und L-Scheibe sowie Hebel, Kurbel und für den Rangierdienst zu nutzende Winklampe und Winkscheibe auf Vollzähligkeit und Funktion zu prüfen. Die Signale sind für mögliche Haltbegriffe im Gefahrenfall vorzuhalten. Die K- und L-Scheibe waren Fahrtregelungssignale, um dem Triebfahrzeugführer bei der Vorbeifahrt am Stellwerk mitzuteilen, dass er die Fahrzeit kürzen müsse, da z. B. ein Zug folge, oder langsamer fahren müsse, da vor ihm ein langsam fahrender Zug sei und der Abschnitt dadurch nicht frei und auf Fahrt gestellt werden könne. Die Kurbel war zum Weichenkurbeln, der Hebel, um ausgescherte Weichenhebel wieder einzurücken. Hinzu kamen bei der Kontrolle noch die Überprüfung aller Merkhinweise (Schilder mit fahrdienstlichen Hinweisen), Hilfssperren und Schlösser für Weichen hinzu.

Alles da? Signalhorn, Weichenkurbel, Signalfahne?

DR-Land per Schmalspur

34

Doch kein Kahlschlag

Schmalspurbahnen entstanden im 19. Jahrhundert in Regionen, in denen aus Kostengründen und aufgrund der Topographie regelspurige Bahnen keinen Platz fanden. Oft hatten sie nur eine geringe Streckenlänge, der Verkehr blieb meistens bescheiden. Oft erst mit dem Anschluss, der Verladung an regelspurige Strecken entwickelten sich diese Bahnen weiter. Immer wieder schlossen sich urspünglich kleinere Schmalspurnetze zu größeren zusammen. Typische Spurweiten waren 1000 und 750 mm. Hinzu kamen wenige Abschnitte auf der Breiten von 900 und 600 mm. Neben den Linien im Harz waren gerade in Sachsen viele dieser Bahnen entstanden. Mit dem Thumer und Wilsdruffer Netz waren mehrere Regionen miteinander verbunden.

Konkurrenz von der Straße

Busse machten den Bahnen in der Prignitz, in Sachsen, im Magdeburger Umland wie auch in Pommern beginnend in den 1950er-Jahren Konkurrenz. Das Umladen der Güter von Wagen der Regelspur auf Schmalspurwagen war zu aufwendig, denn nicht alle Schmalspurbahnen verfügten über den Rollwagenverkehr, der das Umladen unnötig werden ließ. Aufgrund fehlender Instandhaltung der Strecken wurden die Geschwindigkeiten immer geringer, der Bus gewann weiter. Vor allem zwischen 1966 und 1973 legte die DR zahlreiche Bahnen still. Mitunter profitierten andere Bahnen von der Umsetzung einzelner Lokomotiven. So kamen einige aus Burg bei Magdeburg auf die Insel Rügen.

Wussten Sie schon?

Es wäre möglich gewesen, auf Schmalspurgleisen von den Toren von Dresden, also in Freital-Potschappel, bis kurz vor Leipzig nach Nerchau bzw. Oschatz zu kommen. Diese Fahrt hätte allerdings zwei Tage gedauert. Die größeren Lokbahnhöfe wie Wilsdruff, Mügeln oder Thum hatten zeitweise den Status eines Bw. Ihnen waren die weiteren Lokbahnhöfe zugeordnet. Ende der 1960er-Jahre wurden diese Werke den regelspurigen Bw Nossen bzw. Aue (Sachs) unterstellt. Für kleinere Instandsetzungen fuhr die DR die Loks auf Transportwagen nach Nossen.

Betriebsalltag in Mügeln 1988

Der erlösende Beschluss

Für den Tourismus sollten auf Ministerbeschluss dennoch folgende Strecken erhalten bleiben: Harzquer- und Selketalbahn, Traditionsbahn Radebeul (Ost)–Radeburg, Freital-Hainsberg–Kurort Kipsdorf, Zittau–Kuorte Oybin/Jonsdorf, Putbus–Göhren und Bad Doberan–Ostseebad Kühlungsborn. Auf der nicht öffentlichen Muskauer Waldeisenbahn liefen bis 1978 die letzten Kohlezüge, zwischen Oschatz und Mügeln–Kemmlitz fuhren Güterzüge mit Kaolin und auch die Strecke von Wolkenstein nach Jöhstadt betrieb die DR noch. Bis 1986 waren dort Kühlschränke das wichtigste Transportgut. Übrig blieben auch schmalspurige Gleise in Schönfeld-Wiesa und zur Papierfabrik in Wilitzschtal.

Bis auf die Ostseestrecken liefen auf den übrigen Linien auch Güterzüge, auf Rollwagen geladene Güterwagen, um vor allem Kohle zu transportieren. Hinzu kam die Bedienung weiterer Anschlüsse. Beim „Molli" endete der Güterverkehr 1969, beim „Rasenden Roland" auf Rügen gar 1967. Übrig blieb der Gepäckverkehr für die Urlauber in den Badeorten entlang der Schmalspurbahn.

Die Rübelandbahn

35

Rauf geht's …

1950 übernahm die DR eine steigungsreichste Strecke im Harz – die Rübelandbahn von Blankenburg (Harz) nach Königshütte. Viele Jahre waren dort Züge nur auf Zahnradabschnitten zu bewegen, ehe die vier fünffach gekuppelten Loks der sogenannten Tierklasse von Borsig kamen. Später kamen die Loks der Baureihe 95.0 in den Harz.

Unter Strom

Mit der Elektrifizierung der Strecke ab 1960 wurde diese zudem verlegt, der 466 m lange Bielsteintunnel verfüllt. Für diese Strecke wählte man den sogenannten Industriestrom mit 25 kV bei 50 Hz. Der VEB Lokomotivbau Elektrotechnische Werke „Hans Beimler“ Hennigsdorf (LEW) musste also speziell für diese Strecke 15 sechsachsige Lokomotiven bauen, die E 251. Am 1. August 1966 fuhr der erste Zug mit einer Lok dieser Baureihe 251. Mit je einer Lok an der Spitze und am Schluss ließen sich bergwärts 600 t (Lehrzug) und talwärts 1500 t Kalk befördern. Mit diesem Verfahren entfiel das Umsetzen im Kopfbahnhof Michaelstein. Der Personenverkehr war von geringer Bedeutung, trotz Schichtzügen und Tourismus zu den Tropfsteinhöhlen. Bemerkenswerte Bauwerke der Rübelandbahn sind noch heute das 100 m lange Kreuztalviadukt (Krockstein) und der Krumme Tunnel (307 m) sowie der Nebensholztunnel (90 m).

Museums- und Planlok 251 002 und 013 treffen sich in Michaelstein.

Der „Blaue Bock“

Von Mahlow nach Blankenfelde

36

In der Nacht zum 13. August 1961 wurden etliche Eisenbahnstrecken in Berlin und im Umland unterbrochen. Eine dieser Strecken war die S-Bahn nach Rangsdorf, die zwischen Lichtenrade und Mahlow nicht mehr fahren durfte. Der elektrische Betrieb auf dem Reststück Mahlow–Rangsdorf konnte nicht lange aufrecht erhalten werden. Bald setzte die Reichsbahn zur Bedienung Dampfzüge oder Dieseltriebwagen ein. Ab Mai 1963 verkehrten diese Pendelzüge nur noch auf dem 2,6 km langen Streckenabschnitt von Mahlow nach Blankenfelde (Kreis Zossen), wo dann in die Züge der Linie Flughafen Berlin-Schönefeld–Wünsdorf umgestiegen werden konnte.

Auch hier Mangel

Wegen Fahrzeugmangel kamen bald nur noch Steuerwagen zum Einsatz, die von Kleinloks in Richtung Mahlow geschoben wurden. Die damals häufig eingesetzten, blau lackierten Maschinen der Baureihe V 15 trugen wohl zur Namensgebung des bald als „Blauen Bock“ bezeichneten Zügleins bei. Ob sich die Bezeichnung „Bock“ dabei auf das Triebfahrzeug oder auf den des öfteren gerammten Gleisabschluss in Blankenfelde bezog, ist nicht überliefert. (WD)

Eine Lok der Baureihe 102.1 zieht und schiebt einen Beiwagen.

Buckow & Schleiz

37

Kleinbahnen unter Strom

Mit der Übernahme der Kleinbahnen 1949 kamen auch zwei elektrisch betriebene Strecken zur DR: Müncheberg–Buckow und Schleiz–Saalburg. Die 4,9 km lange Strecke Müncheberg–Buckow am Rande Berlins wurde mit 800 V Gleichstrom betrieben. Die ursprünglich 1897 in 750 mm Spurweite eröffnete Strecke wurde 1929/30 auf Normalspur umgebaut und elektrifiziert. Sie hatte vor allem für den Ausflugsverkehr in die Märkische Schweiz eine hohe Bedeutung. Die DR übernahm drei elektische Triebwagen (ET 188 501–503) sowie drei Beiwagen (EB 188 501–503) in ihren Bestand. Alle Fahrzeuge wurden 1981/82 einer Rekonstruktion unterzogen, die im Wesentlichen ein Neubau von Fahrzeugen für die Strecke war. 1995 wurde leider der Regelbetrieb eingestellt.

Die 1930 eröffnete, 15,22 km lange Strecke Schleiz–Saalburg entstand im Zuge des Baus der Bleilochtalsperrre. Sie wurde von vornherein elektrifiziert und mit 1200 Volt Gleichspannung betrieben. Für den Betrieb standen zwei elektrische Personen- und zwei Gepäcktriebwagen sowie vier Beiwagen zur Verfügung, die 1949 von der DR übernommen wurden und als ET 188 511 und 512, ET 188 521 und 522 sowie EB 188 511 bis 514 eingereiht wurden. Die DR hielt den elektrischen Betrieb noch bis zum 31. Mai 1969 aufrecht. Der Personenverkehr wurde u. a. mit Schienenbussen bis zum 1.6.1996 fortgeführt. (DW)

Endbahnhof Buckow in der Märkischen Schweiz

Harzquerbahn & Selketalbahn

Die Große unter den Kleinen

38

Unter den Schmalspurbahnen der DR war sie die größte, auch im Hinblick auf ihr rund 140 km langes Streckennetz – die Harzquerbahn. Als Nordhausen-Wernigeroder-Eisenbahn fährt sie seit 1898 durch den Ostharz und verbindet auf einer 1000 mm Spurweite neben den erwähnten Städten auch den Hochharz mit Drei Annen Hohne und dem Abzweig nach Schierke und weiter zum Brocken. Mit dem Strang von Eisfelder Talmühle über Stiege nach Hasselfelde bzw. Straßberg war die Selketalbahn erreicht. Diese verbindet seit 1897 von Gernrode aus die Orte Harzgerode und Straßberg. Nach dem Zweiten Weltkrieg war die Verbindung zwischen Straßberg und Stiege gekappt. 1949 kam beide Bahnen zur DR. Erst mit den Versorgungsproblemen für ein Kohlekraftwerk in Straßberg baute die DR, einschließlich einer Wendeschleife in Stiege, diesen Abschnitt wieder auf.

Brocken: gesperrt

Bis zum Mauerbau 1961 war auch der Brocken erreichbar. Später fuhren nur noch Versorgungszüge für die Grenztruppen auf den Gipfel. Der Personenverkehr endete in Schierke, aber auch nur für Anwohner

Die Älteste: 99 5901 von 1897 vor einem Personenzug

99 6001 verlässt mit einem GmP 1972 Alexisbad.

und Urlauber mit Passierschein. Ansonsten war die Strecke, auch direkt am Grenzzaun bei Sorge, immer befahrbar. Aus den Anfangsjahren stehen noch drei Mallet-Lokomotiven (99 5901–5903) zur Verfügung. Verkehrten auf der Selketalbahn die einzelnen Exemplare von Heeresfeldbahnlokomotiven oder das Einzelstück 99 6001, der Prototyp einer Einheitslok, verdingen sich im gesamten Netz die Neubaulokomotiven aus dem LKM Babelsberg von 1954–1957 der Reihe 99.23-24 (ab 1970: 99.72). Hinzu kommen je ein Triebwagen von 1938 bzw. 1940 und eine dreiachsige Diesellok. Diese blieb als Versuchsträger für einen Exportauftrag für Indonesien im Harz.

Dieselversuch

Mitte der 1980er-Jahre erwog die DR den Dampflokeinsatz drastisch zu reduzieren. Der Unterhaltungsaufwand war zu hoch, das Güterverkehrsaufkommen stieg. 30 umgebaute Diesellokomotiven aus der Baureihe 110 sollten kommen. 1988 begannen die Probefahrten. Die Umbauserie endete allerdings bei zehn Exemplaren. Weitere Diesellokomotiven dienten nur dem örtlichen Verschub. 1987 war der letzte Versorgungszug zum abgeriegelten Brocken hinaufgefahren; ab dem 15. September 1991 nahmen wieder reguläre Züge den Betrieb auf. Ziel der Harzer Schmalspurbahn GmbH, die von der DB AG die Strecken übernahm, ist es, alle Brockenzüge weiterhin mit Dampflok zu fahren.

Die Waldeisenbahn

Die „aristokratische" Bahn

39

Graf von Arnim ließ 1895 eine erste Bahnlinie für die Bewirtschaftung der Wälder um Bad Muskau errichten. Innerhalb weniger Jahre wuchs das Netz auf 50 km Länge heran. Zahlreiche Betriebe der Gegend konnten bedient werden. Nach Kriegsende 1918 gelang es der Waldeisenbahn Muskau, zahlreiche Heeresfeldbahnfahrzeuge in den Fahrzeugbestand aufzunehmen.

Aufgabe: Gütertransport

1951 übernahm die DR den nicht öffentlichen Bahnbetrieb. Zu den wichtigsten Aufgaben zählten der Kohlentransport und die Bedienung der Tongruben. Der Betrieb war sehr einfach gehalten. Zum Eingleisen von aus den Schienen „gesprungenen" Fahrzeuge führten die einmännig besetzten Lokomotiven dünne Baumstämme mit. Die Wirtschaftlichkeit war in den 1970er-Jahren längst in Frage gestellt. Auch in dieser Region fuhren Güter vermehrt auf der Straße. Zahlreiche Abschiedsfahrten der DR und des DMV, nun mit Fotofreunden, zwischen 1977 und 1978 zeigten das Ende auf. Viele Heeresfeldbahnlokomotiven sowie eine der ältesten Lokomotiven blieben erhalten. Allerdings fuhren auf einem 12 km langen Reststück noch Tonzüge zu einer Ziegelei in Weißwasser. Bereits zu DDR-Zeiten versuchten Eisenbahnfreunde, der Nachwelt vieles dieser besonderen Bahn zu erhalten. So kann heute etwa bei Sonderfahrten die Waldeisenbahn in alter Pracht genossen werden.

Gerettet aus „einstigen Zeiten" – der Eingang zur WEM

Heeresfeldbahnlok 99 3317 mit einem Holzzug „im Wald“

Einzelstück 99 3312 „Diana“ unterwegs mit Kiesloren bei Weißwasser

Die MPSB

40

216 Kilometer über die Friedländer Wiesen

Heute erinnern an das gewaltige Streckennetz der MPSB – Mecklenburg-Pommersche Schmalspurbahn AG – nur ein Denkmal in Friedland und eine Museumsstrecke bei Schwichtenberg. Doch um all die kleine Orte in den moorigen Friedländer Wiesen zu erreichen, um die Güter abzufahren und Personen zu befördern, entstand seit 1892 die Wirtschaftsbahn auf einer Spur von 600 mm. Betriebsmittelpunkt mit einem Bahnbetriebswerk war Friedland. Weitere Übergänge zur Regelspur waren in Jarmen, Anklam, Ducherow und Ferdinandshof. Mit dem weiteren Ausbau bis 1934 lag eine Streckenlänge von 216 km vor. 27 Lokomotiven und 34 Reise- und 751 Güterwagen standen neben bahneigenen Bussen und Lkw zur Verfügung.

1949 zur DR

Nach dem Zweiten Weltkrieg wurden für die sowjetischen Besatzer 20 Lokomotiven und 500 Wagen sowie Schienen für 200 km abgefahren. Trotz eines teilweisen Wiederaufbaus im Auftrag der Sowjets maß die Strecke danach nur noch 72 km. Diese kam 1949 zur DR, und mit der Trockenlegung der Wiesen gewann der Straßenverkehr an Bedeutung. Bereits 1966 waren alle Zuckerrübentransporte entfallen. Am 27. September 1969 fuhr der letzte Güterzug. Der Reiseverkehr war bereits am 31. Mai 1969 eingestellt worden.

Die MPSB holte auch die Milch ab. Zuglok ist die 99 3462.

Güter auf schmaler Spur

41

Rollwagen als Erleichterung

Schmalspurbahnen übernahmen den Transport in die verschiedensten Regionen. Da Güter zu transportieren waren, mussten diese an den Gemeinschaftsbahnhöfen (eben der, wie man heute sagen würde, Schnittstelle zwischen Regel- und Schmalspur) mühevoll von Regel- in Schmalspurwagen umgeladen werden. Bereits ab 1907 setzten die sächsischen Schmalpurbahnen zur Vermeidung dieser Mühe erste Rollwagen ein, auf denen der regelspurige Güterwagen transportiert werden konnte. Auch für die DR entstanden ab 1960 Rollwagen für die Spurweiten von 750 und 1000 mm. Im Harz, in Wernigerode kamen zudem noch Rollböcke zum Einsatz, die unter die jeweilige Achse geschoben wurden. Zusätzlich benötigte man Kuppelwagen. Rollwagen waren im Gebirge allerdings besser einsetzbar. So kamen nahezu auf allen 750-mm-Bahnen sowie auf der Harzquer- und Brockenbahn Rollwagen zum Einsatz. Lediglich auf der Selketalbahn blieben noch immer einzelne Schmalspurgüterwagen in Verwendung.

Auf der Insel Rügen verzichtete man auf deren Einsatz. Zudem gab es auf dem touristischen Reststück seit Anfang der 1970er-Jahre keinen Güterverkehr mehr. Auch beim „Molli" zwischen Bad Doberan und Kühlungsborn verzichtete die DR darauf. Der Kohleverkehr im Harz, der für Kaolin von Kemmlitz nach Oschatz oder der Transport von Kühlschränken aus Niederschmiedeberg nach Wolkenstein, fand bis zur Aufgabe dieser Spezialtransporte dagegen wiederum auf Rollwagen statt.

Rollwagenzug unterwegs bei Unterwiesenthal

Städteexpresszüge

Mit „Apfelsinenzügen" unterwegs

42

Bereits seit 1960 fuhren bei der DR einige D-Züge im sogenannten Städteschnellverkehr. Sie hielten nur an wenigen großen Bahnhöfen. Im Herbst 1976 konnte die CSSR für ihre Staatsbahn 103 Reisezugwagen der Gattung Y aus dem VEB Waggonbau Bautzen, der ausschließlich für den Export lieferte, aus finanziellen Gründen nicht abnehmen. Die DR übernahm nun endlich einmal neue Wagen und entwickelte innerhalb weniger Tage Expresszugverbindungen zwischen den Bezirksstädten der Republik und der Hauptstadt Berlin. Das Ziel war, dass die Berufsreisenden Montag bis Freitag bis spätestens 10 Uhr ihre Zentralen und Ministerien erreichen und am Nachmittag wieder zurückfahren könnten.

In Berlin alles?

Als Jugendobjekte bestanden die Züge zumeist aus je fünf bis sieben Wagen der 1. bzw. der 2. Klasse. In der Mitte war ein Speisewagen eingereiht. Auffallend war schon die Farbgebung, weswegen sie auch „Apfelsinenzüge" hießen. Letzteres aber auch, weil man in Berlin „alles" bekam. Ab dem 25. Oktober 1976 fuhr der Expresszug von Meiningen nach Berlin. Später folgten Gera, Rostock, Schwerin, Magdeburg, Dresden und Zwickau. Nach 1984 kamen noch vier Gegenläufe hinzu. 1991 endete diese Ära.

Am Wochenende auch im Sonderzugdienst mit 41 1185

Sputnik

43

Züge auf dem Außenring

Als Folge des Mauerbaus waren 1961 einige S-Bahnstrecken vom übrigen Netz abgeschnitten. Da viele Pendler aus dem Raum Potsdam in Berlin arbeiteten, musste für sie eine Alternative geschaffen werden. Schon in den 1950er-Jahren hatte die DR den Berliner Außenring zur Hauptbahn ausgebaut. Einschließlich der Anschlussbögen waren 180 km Strecke und etwa 100 Gebäude neu gebaut worden. Seit 1958 verkehrten Reisezüge auf dem Außenring, um bestimmten Berufsgruppen eine Verbindung von Berlin nach Potsdam anbieten zu können, ohne das Gebiet von Westberlin zu durchfahren. Nach der Schließung der Grenze musste die Zugfolge aber stark verdichtet werden, in Karlshorst und Schönfließ waren neue Bahnsteige als Umsteigepunkt zum verbliebenen S-Bahn-Netz anzulegen. Aus Lokomotivmangel sind solche der Baureihe 62 und 65.10 von anderen Standorten umgesetzt worden. Weil die modernen Doppelstockzüge wie ein Sputnik um die Erde um Berlin im Kreis herum fuhren, war der Spitzname für die Züge bald gefunden. Die meist aus zwei vierteiligen Doppelstockeinheiten gebildeten Züge konnten mit Einführung der Dieseltraktion mit Lokomotiven der Baureihe V 180 bespannt werden. Da die Auslastung der Züge auf dem nördlichen Ring nicht so hoch war, trennte die DR die Linien Berlin–Potsdam–Werder (Havel) für den Süden und Berlin–Falkenhagen (Kr Nauen)–Potsdam für den Norden. Auf dem nördlichen Ring reichten überwiegend fünfteilige Doppelstockeinheiten mit Lokomotiven der Baureihe V 100 aus. Ab Mitte der 1980er-Jahre übernahmen auch Lokomotiven der 232er und auf den inzwischen elektrifizierten Streckenabschnitten Elloks der Baureihen 211, 242 und später 243 und 212 die Traktion. Außerdem wurde der Wagenpark erneuert. In besonderen Farben lackierte Doppelstock-Einzelwagen gaben den Zügen ein modernes Aussehen. Nach Öffnung der Grenzen 1989 und Wiederinbetriebnahme der S-Bahnstrecke Berlin – Potsdam ging der Verkehr auf dem Außenring stark zurück. (WD)

Ein neuer Sputnik-Zug in Bergholz

44

Regierungszüge der DR

Reisen wie die roten Preußen

Schon ab 1949 konnten einige der Sonderfahrzeuge, die zuvor nur für sowjetische Dienststellen reserviert worden waren, auch von deutschen Politikern und Führungskräften genutzt werden. 1951 wurde dann der erste Regierungszug der DDR aus Salon-, Schlaf-, Speise- und Gepäckwagen zusammengestellt. In den folgenden Jahren bauten die MITROPA-Werkstätten in Gotha weitere Fahrzeuge zu Salonwagen um. Bis 1966 war der Bestand von ursprünglich sechs Wagen auf 19 Fahrzeuge angewachsen, wobei nun auch Maschinen-, Kühl-, Heizkessel und Autotransportwagen zum Wagenpark gehörten. 1969 und 1984 ist der Wagenpark mit Umbauten und Neubaufahrzeugen nochmals verjüngt und ergänzt worden.

Staatsmänner unterwegs

Als Zuglokomotiven kamen 03 096 und 03 157 oder auch Reserveloks der Baureihen 03 und 61 zum Einsatz. Die Reserveloks bespannten oft die sogenannten Vorzüge, scherzhaft auch Minenräumer genannt. Ab 1965 wurden diese durch die Dieselloks V 180 048, 050 und 052 abgelöst. Neben den dampfbespannten Zügen kamen auch vierachsige Verbrennungstriebwagen

Ehemalige Regierungslok 118 548 in Berlin Greifswalder Straße

Im besten Lack und Chrome: zwei R-Loks in Berlin-Lichtenberg

als Sonderfahrzeuge zum Einsatz. 1952 kam der zweiteilige Schnelltriebwagen 137 225 für den Präsidenten der DDR, Wilhelm Pieck, hinzu. Bis 1961 wurde auch der dreiteilige 137 234 zum Salonwagen umgebaut und dann vom Vorsitzenden des Staatsrates der DDR, Walter Ulbricht, genutzt.

Der Aufwand war groß

Bei der Vorbereitung der Staatsfahrten wurde ein riesiger Aufwand betrieben. Schon im Vorfeld waren Oberbau-Messfahrten und Streckenkontrollen durchzuführen. Neben der gründlichen Vorbereitung der Fahrzeuge war auch an der Strecke einiges zu tun. Weichen im Fahrweg waren zu verschließen, Bahnübergänge rechtzeitig zu sichern, gefährdende Fahrten auszuschließen. Fahrzeuge und Strecke wurden außerdem von der Transportpolizei und der Staatssicherheit überwacht. Oft verkehrte kurz vor dem Hauptzug ein Vorzug mit Sicherheitsleuten von Bahn und Polizei, die kontrollierten, ob alles glatt geht, teilweise auch ein Nachzug. (WD)

Wussten Sie schon?

Nach der Wende versuchte die Bahn, die Züge unter dem Titel „Reisen wie die roten Preußen" zu vermarkten – allerdings ohne Erfolg. Trotzdem sind noch etliche Fahrzeuge vorhanden. So sind Wagen unter anderem in Wittenberg, Pasewalk, Wolkenstein und Gadebusch erhalten geblieben. Die Schnelltriebwagen befinden sich in Leipzig und Delitzsch.

Doppelstockzüge aus Görlitz

Auch für den Export

45

Die Geschichte der Doppelstockzüge geht auf sieben zweiteilige Einheiten der Lübeck-Büchener-Eisenbahn (LBE) von 1936 zurück. Gebaut wurden sie bei den Linke-Hofmann-Werken (LHW) in Breslau und bei der WUMAG in Görlitz. Im Auftrag der DR entwickelte 1952 das Werk in Görlitz, nun VEB Waggonbau, zwei- und vierteilige Einheiten. Bis 1955 entstanden zwölf Zweiteiler und 152 Vierteiler der Gattung DBv. Sie boten (in der 3. Klasse) 906 Reisenden Platz. So wie die LBE-Wagen hatten auch die ersten Görlitzer Modelle Jakobs-Drehgestelle, es teilten sich also zwei Wagen in der Mitte ein Drehgestell. Um den Einstieg zu verbessern, waren Doppelschiebetüren vorhanden. Die Bestuhlung, auch als von Holz auf Kunstlederbezug gewechselt und von 3. in 2. Klasse umgestuft wurde, blieb bei 3 + 2. Anfangs konnten die Züge bremstechnisch nur 100 km/h schnell fahren. Nach der Umrüstung der Bremse waren 120 km/h als Höchstgeschwindigkeit zugelassen. Die Zugheizung war für Dampf vorgesehen (BR 62, 65.10 und auch 110, 118). In den Folgejahren rüstete das Raw Wittenberge die Züge auch auf elektrische Heizung um.

Geschobener Wendezug in Warnemünde Werft

Eine Rangierlok stellt eine vierteilige Einheit in Güstrow bereit.

Wagen für Polen

Vierteilige Einheiten wurden auch nach Polen geliefert. 1957 begann der Bau der Gliederzüge aus jeweils fünf Doppelstockwagen. Die Mittelwagen teilten sich jeweils die Drehgestelle. 33 dieser Einheiten erhielt die DR. Diese kamen sogar im Schnellzugdienst bei der DR zum Einsatz. Bekannt sind in den 1970er-Jahren die Fahrten mit der Dampflok der Baureihe 03 von Berlin nach Leipzig und weiter nach Aue (Sachsen). Für diese Fernzüge baute Görlitz noch fünf doppelstöckige Speise- und Gepäckwagen. Letzterer hatte das Profil der Doppelstockwagen, war jedoch im Inneren nicht doppelstöckig. Ab 1961 folgten Vierteiler und fünfteilige Gliederzüge (ab 1970) für den Wendezugbetrieb.

1972 entstanden in Görlitz zwei Einzel-Musterwagen. Bereits 1974 begann die Serienlieferung dieser neuen Einzelwagen (Endstückzahl 672). 100 davon waren separate Steuerwagen. In der Folge musterte die DR die älteren Gliederzüge aus. Speziell für den S-Bahnverkehr in Halle/Leipzig oder für den Berliner Sputnik-Verkehr gab es besondere Farbgebungen. Die Berliner fuhren in rot/weiß.

Wussten Sie schon?

Nach 1992 baute die Waggon- und Maschinenbau AG in Görlitz, wie der Betrieb nun hieß, weitere Doppelstock-Einzelwagen für die DR, DB und spätere DB AG. Noch heute fahren Einzelwagen des VEB Waggonbau der DDR für DB Regio.

Die Aufsicht von Wustermark am fünfteiligen Gliederzug mit 118 133

Die Berliner 118 507 hat ihren Reisezug abgestellt und umfährt ihn zur Rückleistung. Der Lokführer selbst nutzt das Motiv an der Signalbrücke für ein Foto.

1991 möglich: Einstige R-Lok 118 552 mit einem DR-Gliederzug in Berlin-Spandau Gbf

118 578 schiebt den Doppelstockzug in Dallgow-Döberitz hinein.

Für den Export

Die DR musste oftmals leiden

46

Neidvoll standen Vertreter der Reichsbahn auf der Messe oder am Testgleis vom LEW in Hennigsdorf und sahen Lieferungen für den Export. Hennigsdorf musste nach dem Krieg vor allem für die Sowjets Fahrzeuge produzieren. Später kamen offizielle Lieferungen von Gruben-Elloks hinzu. Polen erhielt Elloks der Baureihen E 04 und E 20. Das setzte sich in den Jahren fort, Lieferungen für Athen oder Budapest oder schließlich mit den OSE-IC-Zügen (für Griechenland) genossen Vorrang. Selbst die V 60 oder V 100 fand sich im Ausland wieder. Oft konnte man sich nur bei laufenden Exportlieferungen „anstellen". So war auch die offizielle Antwort von LEW bei der Nachfrage nach einer elektrischen Rangierlokomotive für DR – im Prinzip ja, wenn zuvor ein Export-Auftrag für diesen Typ vorliege.

Aus Görlitz und Ammendorf kamen Weitstreckenwagen für die sowjetische Staatsbahn SZD, die letztlich auch die DDR querten. Niesky und Bautzen bauten ebenfalls nur für den Export. Verschiedenste Güterwagen kamen aus Niesky und fuhren später in Schweden. Bautzen baute vor allem Reisezugwagen. Nur selten blieb mal ein Prototyp bei der DR. Fotos zeigen noch heute den Einsatz von vollklimatisierten Wagen „Made in GDR" in Syrien und anderen Ländern, die seinerzeit in begehrter Valuta zahlten.

Nagelneue 243 932 der DR zieht einen OSE-Zug aus dem Werk Hennigsdorf.

1961

47

Die Mauer und ihre Folgen

Die „Grenzsicherung" vom 13. August 1961 war ein nachhaltiges Ereignis. Doch war mit der Umfahrung West-Berlins eisenbahnerisch bereits zuvor ein erster Schritt getan. Der Außenring wurde zwischen 1950 und 1955 gebaut. Auch bereits 1952 rüstete die DR die Gütergleise von der Schönhauser Alle nach Pankow mit einer Stromschiene aus. So konnte 1961 der S-Bahnverkehr reibungslos umschwenken. 1962 war Birkenwerder wieder erreichbar. Am Außenring baute man ebenso Stromschienen an.

Zwischen Eisenach und Gerstungen lag der Abschnitt Herleshausen–Wommen in der amerikanischen Zone, auf dem Gebiet der späteren Bundesrepublik. Die West-Eisenbahner unterstanden der DR. Doch mit der Grenzsicherung war dieser Streckenverlauf unsicher. Die DR baute 1961/1962 eine Umleitung über Förtha nach Gerstungen. Topografisch war es eine große Herausforderung; die Züge mühten sich auf einem steigungsreichen Abschnitt.

An der Berliner Bösebrücke (Bornholmer Straße) trennt die aufgestockte Mauer die Bahngleise. Von Tegel kommt der Zug der Alliierten nach Frankreich. Die Trasse war kurz zuvor noch direkt an der Mauer.

Ein Güterzug im Grenzbahnhof Gutenfürst unter der Kontrollbrücke

Die Grenze wurde undurchdringlicher

War die Grenze zunächst nur ein Zaun, wurde ständig an ihr gebaut. Die Zäune wurden aufgestockt, dann ersetzt durch eine erste Mauer. Mancherorts genügte das nicht, z. B. an der Bornholmer Straße: Soldaten auf Heimfahrt zogen bei einem D-Zug die Notbremse und kletterten herüber. Wohl nicht wissend, dass selbst das Gelände hinter der Mauer noch DDR war. Dort und an vielen anderen Stellen wurde die Mauer durch Betonfertigteile weiter erhöht. Zumeist wurden noch Abrundungen angebracht. Die Grenzorgane forderten auch die Vergrößerung der Bereiche zwischen den Mauern. So wurde an gleicher Stelle die Fernbahnlinie Gesundbrunnen–Schönholz um mehrere Meter westwärts versetzt.

In den Grenzbahnhöfen wurden signaltechnische Abhängigkeiten zwischen den Personenkontrolleinheiten und dem Fahrdienstleiter (Fdl) eingebaut. Erst wenn auf dem Bahnsteig ein Offizier mit einem Schlüssel schaltete, erhielt der Fdl die Freigabe zum Einstellen einer Ausfahrt. Zuvor führte der Weg über die Schutzweichen in ein Kiesbett, auf einen Prellbock oder wie in der Berliner Friedrichstraße direkt auf die Straße. Die DR musste immer im Auftrag der Staatsmacht handeln. Dazu zählten auch mehrere Bewegungsmelder im Tunnel an der Esplanade in Berlin-Pankow.

38 1182 fährt in Staaken zur ihrem Sonderzugdienst in Berlin West.

Ein BVG-Zug der Reihe 475 verlässt den Nord-Süd-Bahn-Tunnel.

Grenzer begleiten die Überführung der 93 230 am Görlitzer Bf in Berlin-Treptow.

S-Bahn Berlin

Spielball der Politik

48

Die Berliner S-Bahn war und ist neben Straßen- und U-Bahn, Bus und O-Bus das wesentliche Rückgrat im Nahverkehr Berlins. Das elektrisch betriebene Streckennetz war weitgehend vom Fernbahnbetrieb getrennt. Zur Stromversorgung werden Stromschienen benutzt, die Fahrspannung beträgt 750 V Gleichstrom. Die Berliner S-Bahn besaß ein eigenes Signalsystem mit Lichtsignalen und automatischen Fahrsperren, die ein Fahren im Blockabstand gestatteten und damit eine Zugfolge von 90 Sekunden. Bereits nach 1945 erweitert und nach dem Mauerbau in zwei Rumpfnetze geteilt, baute die DR weiteren Strecken aus. Hierzu gehörte vor allem der Anschluss der Neubausiedlungen in Marzahn und Hohenschönhausen.

In Ost-Berlin wurde nach dem Mauerbau aus der Stadtbahn eine hochbelastete Stichstrecke mit dem Endbahnhof Friedrichstraße, der Nordostteil der Ringbahn verband nun die Strecken im Norden und Südosten. Bedingt durch die Berliner Teilung mussten zwischen Schönhauser Allee und Pankow separate S-Bahn-Gleise verlegt und die Strecke von Bergfelde nach Oranienburg über den Außenring an die Strecke

Wenige der Rundköpfe der BR ET 166/167 blieben unmodernisiert.

Ein Stadtbahner der Baureihe ET 165/275 im Bf Schöneweide

nach Bernau angeschlossen werden. Die elektrischen Inselbetriebe nach Rangsdorf und Potsdam wurden wenige Wochen nach dem Mauerbau aufgegeben. Einzig zwischen Hennigsdorf und Velten beließ die DR den Inselbetrieb bis 1983.

Der Boykott

Die S-Bahn in West-Berlin wurde zunächst von der DR weiter betrieben, jedoch aufgrund der durch Boykottmaßnahmen drastisch sinkenden Fahrgastzahlen bis 1984 auf wenige Verbindungen reduziert. Dabei gehörte es zu den Besonderheiten, dass Bahnhöfe in Ost-Berlin ohne Halt von den Zügen durchfahren wurden.

Die Zahl der beförderten Personen auf der S-Bahn beliefen sich im Jahresschnitt bis zur Wende zwischen 160 und 230 Millionen Fahrgäste. Das Tarifgebietes der Berliner S-Bahn hatte 1962 eine Ausdehnung von über 320 km. Dies schloß inzwischen den Personenverkehr auf dem neu gebauten Berliner Außenring mit ein. Der von der DR genutzte Fahrzeugpark setzte sich lange Zeit auf den bis Kriegsende gebauten S-Bahnzügen unterschiedlichster Baureihen (ET 165–169) zusammen. Ein Neubau von Zügen unterblieb bis auf einen Versuch von 1959 (ET 170). Dadurch sah sich die DR gezwungen, die vorhandenen Fahrzeuge umfassenden Rekonstruktionen zu unterziehen. Erst ab 1987 kamen Neubauzüge der Baureihe 270 zur Auslieferung. Sie ermöglichten die zum Teil fast 60 Jahre alten Fahrzeuge der Baureihe 275 auszumustern. (DW)

Bahnhof Berlin Friedrichstraße

Symbol der Trennung

49

Kein anderer Bahnhof erlangte im Kalten Krieg eine so symbolhafte Bedeutung wie der Bahnhof Berlin Friedrichstraße inmitten der Stadt. Nach vierjähriger Bauzeit war am 7. Februar 1882 der erste Zug durch den Bahnhof gefahren. Nach Erweiterungen von 1919 und 1925 erhielt der Bahnhof seine heutige Form – zwei Hallendächer. Die Vorortbahn wurde mit einer Stromschiene elektrifiziert, sodass ab 1928 die neue S-Bahn parallel fahren konnte. Nach der U-Bahn im Jahr 1923 kam 1935 die S-Bahn im Nord-Süd-S-Bahn-Tunnel hinzu. Nach dem Zweiten Weltkrieg fuhren auf der Stadtbahn erst ab dem 19. Oktober 1945 und im Tunnel erst ab dem 2. Juni 1946 wieder Züge. Ab 1953 konnten auch S-Bahnzüge am Fernbahnsteig B halten. Doch erst in der Nacht vom 12. zum 13. August 1961 änderte sich das Bild. Zivil gekleidete Herren mit entsprechender Legitimation forderten den Fahrdienstleiter Friedrichstraße West (Friw) und die Zugleitung auf, alle Züge vom Osten im Bahnhof enden zu lassen. In den nächsten Tagen wurden die Gleise 5 und 6 nach Westen unterbrochen. Der Bahnhof Friedrichstraße wurde immer weiter zu einem Grenzbahnhof ausgebaut. Eine Wand, zunächst aus Plexiglas, dann aus Stahl bis zur Hallendecke, trennte die Bahnsteige C und B. Fernzüge rollten nur noch am Bahnsteig A durch den Bahnhof. Mussten S-Bahnzüge getauscht werden, geschah das auch über die Fernbahngleise, da ein Gleis mit einer Stromschiene ausgerüstet war.

Der „Tränenpalast"

Zahlreiche Grenzabfertigungsgebäude wurden zunächst an der Georgenstraße errichtet. Zwischen 1964 und 1965 entstand am Spreeufer ein neues Gebäude zur Abfertigung. Im Volksmund hieß es „Tränenpalast" – wegen des tränenreichen Abschieds von Verwandten. Nach 1964 war es auch Westberlinern wieder möglich, in den Ostteil zu reisen. Neben den verwinkelten Gängen mit Beobachtungsnischen gab es weitere Besonderheiten. Vom innerbetrieblichen Bahnhofszugang führten Aufzüge zu den Bahnsteigen A bis D, mit denen der Zugang zu den „Transitbereichen" möglich war – bewacht mit Grenzsoldaten und einem Vorhängeschloss. Von den DR-Diensträumen im ersten Stock führte ein Weg, gesichert mit drei Stahltüren, zum Fernbahnsteig A. Dieser wurde auch für Agenten benutzt. Die Grenztruppen nutzten noch bis zum Sommer 1990 zahlreiche Büros im Keller.

Blick über die Grenzabfertigung (Einreise) an der Georgenstraße

Links der „Tränenpalast" zur Ausreise

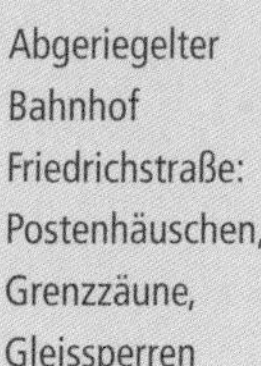

Abgeriegelter Bahnhof Friedrichstraße: Postenhäuschen, Grenzzäune, Gleissperren

Geisterbahnhöfe in Berlin

Nein, es spukt nicht …

50

Geisterbahnhöfe werden von Zügen ohne Halt durcheilt. Aber wieso? Mit der Grenzziehung am 13. August 1961 musste der Zugang vom DDR-Territorium zu manchen Bahnen (den S- und auch U-Bahnen) versperrt werden. Künftig war der letzte Halt an der Wollankstraße (der Bahnsteig lag schon im Ostsektor, war jedoch nur vom Westteil zugänglich). An der Bornholmer Straße fuhr der Zug durch (dieser Halt lag inmitten des Grenzgebietes). Im Nord-Süd-S-Bahn-Tunnel fuhr der Zug nun ohne Halt im Nordbahnhof und an der Oranienburger Straße durch. Auf den Bahnsteigen beobachten von zugemauerten Häuschen Grenzsoldaten die Zugfahrten. Umsteige-Stopp an der Friedrichstraße. Aufgrund eines kostengünstiges Einkaufs im INTERSHOP nutzten doch viele West-Berliner (verbotenerweise) diesen Transitweg mit dem Einkauf. Wieder ohne Halt ging es dann weiter durch Unter den Linden und am Potsdamer Bahnhof hindurch. Reichsbahner fertigten die S-Bahnzüge in der Friedrichstraße und Wollankstraße mittels Lichtsignal ab. Ein Funkkontakt war ihnen untersagt. Zeitweise waren zudem die Stellwerke Nordbahnhof und Potsdamer Platz mit Reichsbahnern

Ein sicherer Weg für die Grenzer, die Bahnsteigbänke schob man beiseite.

Über 28 Jahren standen die „Wannen" im Bahnhof Unter den Linden.

besetzt. In der Regel funktionierte der „Durchleitbetrieb". Bis Anfang der 1980er-Jahre wurden noch Züge im einstigen S-Bw Nordbahnhof unterhalten. So mussten dort zwei Stellwerke besetzt werden. Auch auf den Stationen Unter den Linden und Potsdamer Platz wachten Grenzer. Die Zugänge waren entweder im nicht zugänglichen Grenzbereich oder sogar nur in einem kleinen Polizei-Postenhäuschen vor dem Brandenburger Tor. Eine Leiter führte in die andere, unterirdische Welt.

Eine Art „Lost World"

Nach der offiziellen Grenzöffnung im Sommer 1990 waren nun Fundstücke in den Geisterbahnhöfen zu betrachten. „Wannen" für die Fahrkartenentwertung, Theaterspielpläne vom August 1961, von Grenzern leergeräumte Gaststätten und Frisörräume sowie die mittlerweile einzigartig altmodischen Ausstattungen der Bahnhöfe mit Wandfliesen und Lampen waren zu besichtigen.

Nach den ersten Sanierungen änderte sich das Bild schnell. Noch 1990 hielten erste Züge. Dann wurde weiter gearbeitet, sodass die offiziellen Eröffnungen letztlich erst im Herbst 1991 und vom Potsdamer Platz 1992 waren.

Grenzbahnhöfe

Immer höherer Sicherungsaufwand

51

Nach dem Zweiten Weltkrieg und den verschiedensten Blockaden sowie dem Mauerbau 1961 war die DR in der Rolle, den genannten Transitverkehr zur BRD zu gewährleisten. Bereits vor 1961 waren die Bahnhöfen an der Sektorengrenze bekannt, wurden Reisende teilweise kontrolliert. Die Zeit danach führte zu kaum geglaubten Verschärfungen. Stetig arbeiteten die Stäbe der Grenzorgane und der Staatssicherheit an „Verbesserungen" zur Grenzsicherheit. Jeder versuchte oder auch gelungene Fluchtversuch wurde analysiert. Gab es zunächst nur einfache Zäune, wurde nach und nach aufgerüstet. Die Flucht mit einem Personenzug am 5. Dezember 1961 bei Albrechtshof, nördlich von Berlin, zeigte auf, dass das nicht genüge. In der Folge wurden Gleissperren in den Bahnhofsgleisen und am Ende der Fahrstraße Schutzweichen eingebaut. War die Fahrt nicht gestattet, führte der Weg in ein Kiesbett. Hinzu kamen immer neue Trennwände, Beobachtungstürme, Grenzer mit Hunden am Zug. Der Zustieg von Reisenden war in den Grenzbahnhöfen nicht möglich. Sie dienten den Pass- und Zollkontrollkräften.

Ein einfacher Zaun trennte im Bahnhof Forst (L) die Zugangsbereiche.

Zweisprachig im Grenzbahnhof Wilhelm-Pieck-Stadt Guben

Grenzbahnhöfe auch Richtung Osten

Ebenfalls kontrolliert wurden Reisende nach Polen und zur CSSR im Zug. Aufgrund beiderseitiger Kontrollen waren die Aufenthalte an den Grenzen relativ kurz. An diesen Grenzlinien waren – obwohl es ja sogenannte Friedensgrenzen waren – jedoch auch Überwachungseinrichtungen vorhanden. Die Fähren über der Ostsee konnte man vom Hafenbecken aus sehen. Aber vor allem in Saßnitz (heute Sassnitz) wurde weiter gebaut, Sichtblenden gegen die Bevölkerung angebracht. Immerhin wurden dort auch Pkw von Bundesbürgern verladen, man wollte eben keine Begehrlichkeiten wecken.

Grenzbahnhöfe DR – DB: Gerstungen–Bebra (Erfurt–Bebra); Marienborn–Helmstedt (Magdeburg–Braunschweig); Oebisfelde–Wolfsburg (Magdeburg–Wolfsburg); Schwanheide–Büchen (Berlin–Hamburg); Herrenburg–Lübeck (Schwerin–Lübeck);
Grenzbahnhöfe DR – CSD: Bad Brambach–Vojtanov (Cheb); Bad Schandau–Decin (Dresden–Prag); Zittau–Liberec;
Grenzbahnhöfe DR – PKP: Zittau–(privilegierter Durchgangsverkehr)–Görlitz; Görlitz–Zgorzelec Horka–Wegliniec (nur Güterverkehr); Forst (L)–Zasieki; Frankfurt (O)–Kunowice; Tantow–Szczecin-Gumience (Berlin–Stettin); Grambow–Szczecin-Gum. (Pasewalk–Stettin, nur Gv).
Hinzu kommen die Ostseefähren von Warnemünde nach Gedser (DSB), Saßnitz–Trelleborg (SJ) und Mukran nach Kleipeda (SZD).

Versuchslok 18 201

52

Schnellste Dampflok der DR

Für die Abnahme von Reisezugwagen für den Export benötigte man eine Lokomotive für 160 km/h. Die abgestellte Schnellfahrlok 61 002 aus dem einstigen Henschel-Wegmann-Zug bot sich für einen Umbau an. Komplettiert wurde der Bau auch mit Teilen aus der H 45 024. In den Jahren 1960 bis 1961 entstand im Raw Meiningen eine 25 Meter lange 2'C1'h3-Lokomotive. Neben der grünen Farbgebung fallen vor allem die 2,30 Meter großen Treibräder auf. Komplettiert durch einen neuen Kessel stand sie fortan der Versuchsanstalt in Halle zur Verfügung. 1967 folgte der Umbau auf die Ölfeuerung. Ab 1970 trug die Lokomotive die Bezeichnung 02 0201-0. Zwei Jahre später, am 12. Oktober, ist ein Geschwindigkeitsrekord von 182,4 km/h bei einer Messfahrt bei Gräfenhainichen verbucht.

Sie macht eine elegante Figur – die Schnellfahrlok 18 201 (02 0201-0).

Filmstar auf Schienen

Neben gelegentlichen Einsätzen im Plandienst war sie bei Sonderzugfahrten der DR bzw. des Deutschen Modelleisenbahn-Verbandes der DDR (DMV) immer ein besonderes, aber selten genutztes Zugpferd, wenn sie auch nie schneller als 120 km/h fahren durfte. Im Film „Traktion mit Tradition", der die traditionsreichen Dampfrösser der DR vorstellt, fuhr die 02 0201-0 mit dem damaligen Zwickauer Eilzugwagenpark auf der Saalebahn.

Wussten Sie schon?

Einen besonderen Auftritt hatte sie 1985, als sie als Gast zum Jubiläum „150 Jahre deutsche Eisenbahn" nach Nürnberg reisen durfte. 1987 fuhr sie zum Jubiläum nach Wien und absolvierte noch eine Schnellfahrt. Zu DR-Zeiten war sie in Halle P stationiert.

Dicke aus Babelsberg

Die V 180

53

Bei der jungen DR bestand ein akuter Mangel an leistungsfähigen Lokomotiven. Nachdem noch einige Jahre Dampflokomotiven beschafft worden waren, bewogen die guten Erfahrungen des Auslands die DR dazu, von der Industrie die Entwicklung von Großdiesellokomotiven zu fordern. 1959 begann der VEB Lokomotivbau „Karl Marx" in Potsdam-Babelsberg (LOB) mit dem Bau der ersten beiden Baumuster vom Typ V 180. Bei den Vorserienloks offenbarten sich aber Mängel und es wurden Überschreitungen der Achslasten festgestellt. 1963 konnte dann die verbesserte erste Kleinserie der 1800 PS (2 x 662 kW) leistenden Lokomotiven geliefert werden. Auf der Frühjahrsmesse 1964 zeigte man das erste Baumuster der sechsachsigen Bauart, die V 180 201, die entwickelt worden war, um die Maschinen auch auf Strecken mit geringeren Achslasten einsetzen zu können. Ein Jahr später konnte die erste Lok mit zwei stärkeren 1000 PS (736 kW) Motoren ausgerüstet werden. Die Lieferung der vierachsigen Maschinen endete 1967. Im Frühjahr 1970 kamen die

Auch im Güter-Expresszugdienst (Gex) anzutreffen: 118 533 in Köpenick

Parade von drei gepflegten Exemplaren der Baureihe 118 im Bw Zittau

letzten Lokomotiven der sechsachsigen V 180 zur DR – entsprechend dem zu dieser Zeit eingeführten neuen Nummernsystem wurden sie als 118 400 bis 406 geliefert. Zusammen mit vier 1968 an die Buna-Werke und fünf 1969 an die Leunawerke gelieferten Maschinen, sind insgesamt 384 Lokomotiven der Baureihe gebaut worden.

Lokstars der DR

Die modernen Lokomotiven wurden ein beliebtes Aushängeschild der DR. Inzwischen waren sie auch im gesamten Gebiet der DDR anzutreffen und beförderten verschiedenste Zuggarnituren mit bis zu 120 km/h. Trotz Inbetriebnahme sowjetischer Großdieselloks, forcierter Elektrifizierung und des Imports rumänischer Lokomotiven konnte die DR bis 1989 nicht auf die 118 verzichten und rüstetet sie deshalb in den Ausbesserungswerken immer weiter auf. Die leistungsstärkste Variante war mit zwei 1100-kW-Motoren ausgerüstet. Erst mit dem Untergang der DDR und den sich daraus ergebenden Verlagerungen des Verkehrs auf die Straße, wurden die Lokomotiven entbehrlich. Bei Privat- und Museumsbahnen blieben einige der beliebten Lokomotiven erhalten, sodass auch heute noch von Zeit zu Zeit der typische Klang der 12-Zylinder-Motoren zu hören ist. (WD)

VT 18.16

54

Der Stolz der Reichsbahn

Für ihre internationalen Schnelltriebwagenverbindungen benötigte die DR ab Mitte der 1950er-Jahre dringend neue Fahrzeuge. Die aus Ungarn importierten Triebwagen der Bauart „Ganz“ hatten die Erwartungen nicht erfüllt. Deshalb wurde 1959 mit der Entwicklung eines komfortablen Schnelltriebzuges in der DDR begonnen. Vier Jahre später konnte der trad itionsreiche Waggonbau Görlitz den Prototyp eines solchen Zuges 1963 auf der Leipziger Messe präsentieren. Das besonders auffällig lackierte Fahrzeug mit dem formschönen Vorbau und dem hoch gelegenen Führerstand war ohne Zweifel der Star dieser Messe. Bei der DR erhielt der Zug die Bezeichnung VT 18.16.01 und wurde als Bauart Görlitz bezeichnet. 1964 erfolgte die Indienststellung des Prototyps. 1965 folgte SVT 18.16.02, der erste Serientriebwagen, der noch von zwei 900 PS starken Dieselmotoren angetrieben wurde. Ab dem SVT 18.16.03 kamen zwei 1000 PS starke Motoren zum Einbau. Bis 1968 wurden insgesamt acht Triebzüge geliefert.

Warten auf neue Einsätze in der Einsatzstelle Berlin-Rummelsburg

Der 175 014/019 blieb für Sonderdienste zunächst erhalten.

Internationale Zugläufe

Der erste Zug kam sofort auf der Verbindung nach Kopenhagen als „Neptun" zum Einsatz. Die wohl wichtigste Einsatzrelation wurde dann aber bald die Strecke Berlin–Prag–Wien, die ab 1966 mit vierteiligen SVT Görlitz befahren wurde. Für den fünfteiligen Einsatz wurden im Dezember 1967 noch fünf Mittelwagen aus Görlitz geliefert. Die Züge bewährten sich nun hervorragend und wurden zu einem äußerst beliebten Fortbewegungsmittel von Österreichern, Tschechen, Deutschen und Touristen aus anderen Staaten. Ab 1968 nahm die DR für zwei Jahre den Betrieb auf der Strecke Berlin–Malmö über die Fährverbindung Saßnitz–Trelleborg als „Berlinaren" auf. 1969 wurden zwei exklusive Inlands-Zugpaare nach Leipzig eingerichtet, die aufgrund der überwiegenden Benutzung durch Führungskader bald den Spitznamen „Bonzenschleuder" hatten. Außerdem kamen die SVT nun als „Karlex" nach Karlovy Vary und ab 1972 als Füllleistung zwischen Leipzig und Karlovy Vary, als „Karola" zum Einsatz. 1979 ging die Ära des „Vindobona" als Triebwagenverbindung zu Ende. 1981 verkehrte der „Karlex" das letzte Mal als Triebwagen. Bis 1985 kam ein Teil der Züge noch auf der Relation Berlin–Bautzen als sogenannte „Sorbenschleuder" zum Einsatz. Dann waren nur noch Sonderzüge zu fahren. (WD)

200 U-Boote

Die Rumänien-Importe

55

Die DR benötigte in den 1970er-Jahren auch weiterhin Diesellokomotiven mit einer Leistung von 2.000 PS, jedoch mit einer Achslast von nur 16 t. Nach dem RGW-Beschluss durfte die DDR selbst keine Großdiesellokomotiven mehr bauen. Die UdSSR orientierte sich nur an den schweren Diesellokomotiven mit 20 t Achslast. Lediglich die Fabrik „23. Oktober" im rumänischen Bukarest konnte die geforderte Bauart liefern. Mit einem in Lizenz gefertigten MTU-Motor konnte die Leistung erreicht werden. Das Strömungsgetriebe kam aus der DDR. Die erste Maschinen, die 119 001, stand 1976 auf den Schienen. Bis 1985 folgten 199 weitere.

Als „Sandwich" mit nur zwei Wagen: die 119 050 und 027

Farbvarianten an der Baureihe 119/219

Schwierige Loks

Diese Reihe sollte die verbliebenden Dampfrösser, so die Baureihe 95 in Thüringen oder andere auf den Strecken von Dresden nach Bautzen ablösen. Aber die neue Diesellok war alles andere bahnfest. Ceausescus-Rache (nach dem Präsidenten) wurde sie genannt. Auch der Spruch der Dresdner, „fahre nur so weit, wie du mit der Straßenbahn wieder nach Hause kommst" (man blieb am Klotzscher Berg oft liegen, da fuhr die Straßenbahn noch) blieb lange im Gedächtnis. Die Motoren wurden sehr rasch gegen DDR-Aggregate 12 KVD getauscht. Aber auch weitere Ersatzteile fehlten, sodass oft ein Drittel der Loks als Ersatzteilspender abgestellt war. Nach der Wende baute Krupp 20 Stück für den IC-Verkehr um. Woher kam der Spitzname U-Boot? Die runden Fenster an der Seitenfront der 119 erinnerten eher an Schiffsbullaugen. Und da die 119 im Betrieb eher unterging, war sie fortan das U-Boot.

Baureihe 252

56

Sie kam zu spät

Für den Transitverkehr mit 160 km/h von Berlin über Magdeburg nach Helmstedt entwickelte im Auftrag der Hauptverwaltung Maschinenwirtschaft der DR das LEW Hennigsdorf eine sechsachsige Ellok, die den Park der Baureihe 243 ergänzen und die älteren Elloks ablösen sollte. Zunächst orderte man vier Prototypen der künftigen BR 252. Mit 5.800 kW, jedoch mit klassischer Wechselstromtechnik, war sie leistungsstark, das LEW forcierte jedoch auch Versuche mit Gleichstromtechnik.

Im März 1991 präsentierte Hennigsdorf die 252 004 auf der Leipziger Frühjahrsmesse. Kurz darauf begannen die Erprobungsfahrten zwischen Dresden und Berlin bzw. Nauen. Alle vier Exemplare waren im Bw Dresden, Betriebsteil Friedrichstadt beheimatet.

Ab 1992 stand die nun als Baureihe 156 bezeichnete Ellok zwar noch mit DR-Logo im Einsatz und bewährte sich vor Güterzügen auf der Tharandter Rampe oder vor D-Zügen. Doch die DB hatte andere Planungen. Für den Schnellzugeinsatz genügten die Baureihen 120 bzw. 101. Für leichtere Züge forderte sie von LEW die weiterentwickelte Variante aus der 243 (143) in der Form der Baureihe 112. Für den DR-Verkehr kam die 252 zu spät. Nach der Übernahme von DB Cargo kamen die Loks 2004 zur Mitteldeutsche Eisenbahn GmbH (MEG).

Zeitweise fuhr die 252 D-Züge nach Reichenbach und Nauen.

Dampf-Aus

57

Es zog sich …

Mit der Lieferung der sowjetischen Diesellokomotiven der Baureihe 132 konnte der Traktionswechsel weitgehend vollzogen werden. Lösten einst die Dampfloks der Baureihe 01 sogar zwischen Berlin und Dresden die 118 ab, war nun am 24. September 1977 dort Schluss für die Dampfloks. Es ging dann Schlag auf Schlag: Ende für die 03 zwischen Leipzig und Berlin am 30. September 1978 und 26. Mai 1979, 01 zwischen Berlin und Stettin am 30. September 1979, 03.10 Stralsund–Berlin am 31. Mai 1980. Als ein letztes Dampf-Eldorado blieb Saalfeld übrig. Hinzu kamen größere Bestände in Angermünde, Bautzen, Sangerhausen oder Berlin-Schöneweide. Doch die Ölknappheit bescherte vielerorts das Aus der Öl-Dampfloks. In Saalfeld versuchte man sich mit rostgefeuerten Loks. Schöneweide hielt viele Loks nur für die Heizsaison vor.

Nach diesen gravierenden Einschnitten kamen doch einige kohlegefeuerte Loks zurück in den Plandienst. In Saalfeld fuhren die letzten 41er bis 1986, 52er in Kamenz bzw. 50er in Zwickau bis 1987. Der Abschied wurde oft würdig begangen. Mit Schild oder in Doppelbespannung, mit großem Bw-Fest des DMV in Kamenz oder Glauchau (1988). Das endgültige Ende war absehbar. Es fand am 29. Oktober 1988 im Bw Halberstadt aus.

Der Güterverkehr blieb wegen fehlender Lkw – Abschied im Preßnitztal.

528184-5
BW BRANDENBURG·H
Letzte planmäßige Dampflokfahrt
P 19236 / P 19239
am 16. Oktober 1987

Abschiedsfahrt des Bw Brandenburg auf der Städtebahn nach Neustadt (Dosse)

Dampfspeicherloks

Die anderen Dampfloks

58

Sie fahren mit Dampf, jedoch ohne Feuer. Die Zylinder sind unter dem Führerhaus. Dort ist auch der Abdampfschornstein. Das sind Merkmale einer Dampfspeicherlok. Die Geschichte geht über 100 Jahre zurück. Verschiedene Lokomotivfabriken bauten diese Behälterlokomtiven für den örtlichen Verschub in Tanklager, im Bergbau oder in anderen Betrieben, in denen Dampf als „Abfallprodukt" ausreichend zur Verfügung stand und/oder offenes Feuer ein zu großes Sicherheitsrisiko gewesen wäre. Der zugeführte Dampf erhitzt im Inneren des Kessels Wasser. Aufgrund dieser Reaktion kann eine feuerlose Lok bis zu sechs, acht Stunden im Einsatz bleiben. Anhängelasten von immerhin bis zu 2.000 Tonnen waren möglich.

Auch im Netz der DR kamen derartige Lokomotiven zum Einsatz. Sie fuhren einerseits auf angeschlossenen Werkbahnen bzw. zum DR-Übergabebahnhof mit und führten sogar kurze Übergabefahrten aus.

Probefahrt einer Speicherlok mit der Dampf spendenden 50 3501

Dampfspeicherloks waren vorrangig in brandgefährdeten Bereichen im Einsatz.

In den Betrieben waren Dampfentnahmestellen für die Loks vorhanden.

Im Industrieeinsatz

Neben Einzelexemplaren verschiedener Zweiachser waren zumeist Dreikuppler, ein übliches Dampflokfahrwerk mit zwei Zylindern, im Einsatz. Diese Maschinen der Gattung C-fl baute LKM (Lokomotivbau Karl-Marx in Potsdam-Babelsberg) in den 1950er-Jahren für die VEB der DDR. Das Raw Meiningen baute in der Zeit der Ölknappheit, um noch mehr kleinere Diesellokomotiven abzulösen und Kraftstoff zu sparen, zwischen 1984 und 1986 eine Serie von 202 Stück des Typs FLC. Einige sind noch immer im Einsatz.

Das Harzkamel

Ein seltenes „Tier"

59

Diesellokomotiven waren auf den Schmalspurbahnen eher eine Randerscheinung. Im Rangierdienst waren einige V10, NS 4 oder umgebaute Kö bekannt. Als Exportmuster und zu Testzwecken kam 1966 die V 30 001 (199 301) zur Harzquerbahn. LKM Babelsberg hatte einen Exportauftrag für Indonesien. Dringend suchte die DR nach einem Ersatz für die immer anfälligeren und unwirtschaftlichen Dampflokomotiven, speziell im Harz. Die anderen RWG-Staaten hatten durchaus brauchbare Dieselloks.

Auf der Suche

Selbst in Bulgarien schaute man sich nach Dieselloks und auch Wagen um. Letztlich orientierte sich die DR am Umbau von Diesellokomotiven der Baureihe 110. Vom Raw Stendal kam im November 1988 die erste umgebaute Lok. Die 199 863 absolvierte auf ihren zwei dreiachsigen Drehgestellen im Dezember erste Fahrten, die gut verliefen. Die DR sah einen Bedarf von 30 Maschinen, um den Großteil der Dampfloks abzustellen. Bis 1990 waren letztlich zehn Stück umgebaut. Aufgrund ihres Regellichtraumprofils waren die 199er größer als die Schmalspurwagen. Die Form ergab den Begriff Harzkamel. Aufgrund verringerter Transportleistungen wurde der weitere Umbau gestoppt. Im Umzeichnungsplan fanden die Fahrzeuge sich als Baureihe 299 wieder.

Vor einem Personenzug ist die Höhe der Lok besonders deutlich.

Der Goldbroiler

60

Nein, das ist nicht zu essen …

Um die zahlreichen kleinen Dampflokomotiven im Rangierdienst, zum Teil noch von der Jahrhundertwende, abzulösen, forderte die DR in den 1950er-Jahren verschiedene Typen von Rangierdiesellokomotiven von der Industrie. LKM lieferte 1958 zweiachsige V15 und 1959 die Baumusterlok V 60 1001. Mit 650 PS sollte die vierachsige Stangendiesellok alle Aufgaben im Rangiergang mit 30 km/h und im Streckengang mit 60 km/h, in engen Radien und am Ablaufberg sowie mit einer Achsfahrmasse von 15 t bewältigen. Nach konstruktiven Änderungen am Rahmen und am Stufengetriebe lieferte Babelsberg 1961 eine Vorserie mit fünf Fahrzeugen aus. Schließlich folgte 1962 die Serienfertigung von 163 Fahrzeugen. LKM baute noch die verstärkte Variante der V 60, die V 60 1201. Die Serie der V 60.12 lieferte dann der LEW Hennigsdorf mit insgesamt 2.068 Exemplaren, von denen einige an Werkbahnen oder in das Ausland (Bulgarien,

Farbe und Form gaben der 346er den Spitznamen Goldbroiler – so hieß in der DDR das Brathähnchen.

Die goldige Farbe: 106 067 bei Belzig stammt aus der ersten Serie mit rundlichem Führerhaus.

Ägypten, Algerien und CSSR) geliefert wurden. Deutlichster Unterschied zwischen den LEW- und den LKM-Ausführungen war das größere Dach, welches über den Rahmen seitlich hinausragte und an den Frontscheiben zusätzlich ein Sonnendach erhielt.

Viele Jahre gebaut

Ab 1970 fand sich die V 60 in der Baureihe 106 wieder. Bis 1982 baute LEW Hennigsdorf diese nahezu unverwüstliche Lok. Nachdem mit laufender Nummer 106 999 das Ende in dieser Gruppe erreicht war, ging es mit der Nummer 105 001 weiter. Die Reihe 107 war bereits durch eine tschechische Lok-Reihe belegt.

Die Fahrzeuge der Baureihe 105/106 waren vor allem im Rangierdienst auf den großen Bahnhöfen zu sehen. Im Rbf Berlin-Wuhlheide musste im Rangierdienst ein mit Betonteile beladener Güterwagen beigestellt werden, da die Bremsleistung der Lok für die ungebremsten Wagengruppen nicht ausreichte. Des Weiteren war die 105/106 vor leichten Güterzügen sowie im Einzelfall auf der Nebenbahn auch im Personenzugdienst im Einsatz.

Die 106 201 überführt einen Triebwagen bei Belzig.

Unterschiedliche Farbvarianten an der V 60

Wussten Sie schon?

Die Lokomotiven 105 965 ff. waren eingereihte Werklokomotiven. Mit der Drosselung der Leistung, um Diesel einzusparen, entstand die Baureihe 104. Für den Fährhafen Mukran wurden 14 Lokomotiven der Baureihen 105 und 106 auf 1524 mm Breitspur umgebaut. Bei der DB AG wurden diese als Baureihe 347 bezeichnet. Die übrigen als Baureihen 344 bis 346. Durch zahlreiche Abgaben kam die „V 60 Ost" auch in die alten Bundesländer sowie zu zahlreichen Museumsbahnen und auch Industriebahnen im In- und Ausland.

Der Großrusse

Mit oder ohne Zugheizung

61

Nach der „Taigatrommel“ der Reihe 120 kamen gemäß der Verträge im Rat für gegenseitige Wirtschaftshilfe ab 1970 die schweren Großdiesellokomotiven der Reihe V 300 aus Woroschilowgrad in der Ukraine (heute Luhansk). Zunächst bekam die DR 80 Exemplare der Reihe 130 (V 300). Trotz einer Höchstgeschwindigkeit von 140 km/h kamen die Maschinen in den Güterzugdienst, da eine elektrische Zugheizung fehlte. Reisezüge mussten mit einem Heizkesselwagen gefahren werden, sodass die DR den Erwerb der 130 stoppte. Auch die 76 Stück der Reihe 131 waren noch ohne Zugheizung. Mit der Geschwindigkeit von nur 100 km/h fand sie sich im Güterzugdienst, vorrangig im Thüringer Wald, wieder.

Nach zwei nachgelieferten Maschinen der Reihe 130 mit elektrischer Zugheizung im Jahr 1973 bestellte die DR nun die 132. 709 Maschinen dieses Typs lieferte die UdSSR bis 1982. Mit ihrer Leistung von 3.000 PS zeigte sie sich im gesamten DR-Netz vor Reise- und Güterzügen. Doch da der Dieselmotor neben der dieselelektrischen Traktion auch den Heizgenerator mit betrieb, musste, um beim Anfahren eine hohe Zugleistung

Kurzzeitig fuhr die 132 die Sputnikzüge rund um Berlin.

Auf Ausfahrt in Wustermark wartet die 130 051.

zu haben, oft die Zugheizung kurzzeitig ausgeschaltet werden. Zudem gab es Regeln, wo die Zugheizung auszuschalten war, da sie verschiedene Signale im Netz beeinflusste.

Warum immer Spitznamen?

Äußerlich unterschieden sich die Typen z. B. an den größeren Frontfenstern (130). Für diese neue Baureihe mussten auch die Bahnbetriebswerke der DR angepasst werden, um dort alle Instandhaltungen ausführen zu können. So wurden die Bws Berlin Ostbahnhof, Neustrelitz oder Reichenbach (Vogtl) um- bzw. neugebaut. 1977/78 kamen noch sechs Loks der Baureihe 142 hinzu. Mit 4.000 PS und 23 t Achsfahrmasse im Gegensatz zu den 20 t ihrer Schwestern waren sie nur zwischen Saßnitz–Stralsund und Berlin/Seddin einsetzbar.

Nach der Wende musste (warum auch immer) alles aus dem Osten Spitznamen erhalten. Hieß die 132 bislang oft nur „132“, der „Russe“ oder der „Großrusse“, war es dann die „Ludmilla“. Der Großteil der V-300-Familie schaffte es noch in dem Umzeichnungsplan der DB AG, jedoch in Ermangelung von Güterzugdiensten schieden die 230 und 231 sehr rasch aus. Die 132/232 wurde ab 1991 einer Remotorisierung unterzogen. Diese heißen nach den Umbauten 233/234/241. Die 142/242 wurde bis 1994 abgestellt.

Der letzte Dampflokdienst

Abschied mit Wehmut

62

Das von vielen Dampflok-Fans gefeierte Comeback der letzten regelspurigen Dampflokomotiven fand ein vergleichsweise rasches Ende. Zumeist waren nur noch Heizdienste in den Bahnbetriebswerken durchzuführen. Nur selten kam eine Dampflok zum Streckendienst.

Das Bw Wustermark führte noch einen Nahgüterzug nach Kremmen und Velten. Vorrangig wurden damit Lokführer für die Museumslokomotiven ausgebildet. Im Dezember 1987 stellte das Bw die letzten 52er ab. Bereits am 16.10.1987 endete der Plandienst vom Bw Brandenburg. 52 8184 fuhr noch einmal einen Personenzug nach Neustadt (Dosse) und zurück. Doch die Maschine blieb unter Dampf – vor Arbeitszügen auf der auszubauenden Magistrale Berlin–Magdeburg verdingten sich die Personale. Am 16. Juli 1988 erlosch auch hier das Feuer.

Nur noch Sonderfahrten?

Bereits am 2. Mai 1988 endete der Plandienst im Bw Halberstadt. Die letzte ihrer Art, die 50 3662, setzte die Dienststelle zur unterstellten Einsatzstelle Oschersleben um. Damit waren dort im Sommerfahrplan 1988 noch drei 50er im Einsatz. Zuerst schied die 50 3606 aus. Dann musste die

50 3559 ist bereit zur letzten Planfahrt.

Abschiedsfoto mit dem Personal vor ihrer 50 3559 im Bahnhof Thale (Harz)

50 3662 nach Magdeburg zum Heizen abgefahren werden und die 50 3559 erlitt im Oktober 1988 einen Schaden. Sollte so unrühmlich der regelspurige Dampflokdienst bei der DR enden? Für die geplante Abschiedsfahrt kam die 50 3559 in die Heimatdienststelle Halberstadt, wurde repariert und farblich aufgepeppt. Am 29. Oktober 1988 war dann der denkwürdige Tag: 50 3559 bespannte zwischen Thale und Magdeburg Hbf drei Personenzüge. Die festlich geschmückte Lok hielten viele Fotografen im Bilde fest.

Im nächsten Jahr wurde dem Bw Halberstadt die 50 3708 als Traditionslok zugesprochen, da die Eisenbahner die 52 9900 rollfähig aufarbeiteten. Damit war die letzte Reko 50er wieder zu Hause. Auch woanders standen noch voll betriebsfähige Dampflokomotiven zur Verfügung. Für zahlreiche Sonderfahrten und Verkäufe an Privatpersonen und Vereine in den nächsten Jahren war die Auswahl groß. Dank der Initiative einiger Berliner Eisenbahner fuhr nach dem „Gurkenzug“ noch ein sonntags dampfgeführtes Eilzugpaar nach Rheinsberg (Mark). So fuhr bei der DB AG am 6.11.1994 die letzte regelspurige Dampflok – die 52 8134.

Die Weiße Lady

63

Eine elegante Erscheinung

Nach der Baureihe 250 strebte die DR zu einer elektrischen Schnellzuglok. LEW Hennigsdorf lieferte im Frühjahr 1982 das Muster 212 001 ab. Sie präsentierte sich in einer weißen Farbgebung mit breiten roten Zierstreifen. Das brachte ihr den Begriff „Weiße Lady" ein. Konstruktiv für 160 km/h gebaut, erfolgten zunächst Probefahrten mit 140 und 120 km/h. Da der Schnellzugdienst aber weiterhin nur mit 120 km/h erfolgen konnte, ließ man das Getriebe umbauen, die Geschwindigkeiten auf 120 km/h festschreiben, und ab Oktober 1983 hieß die Lok 243 001.

1984 begann die Serienlieferung. Aufgrund von Fertigungsproblemen mussten vor offiziellen Übergaben an die DR immer mal die Lokschilder getauscht werden. Nach den ersten 20 folgten 1985 dann 80 Stück.

1987 zeigte sich die Reihe ab laufender Nummer 300 mit einer den Strömungsverhältnissen angepassten, leicht geneigten Kopfform. Die Unterbaureihen 243.8-9 wiesen Triebfahrzeuge für Vielfachsteuerung aus. Die 243 konnte auch im Güterzugdienst aushelfen.

Am 2. Januar 1991 übergab Hennigsdorf mit der 243 659 die letzte Lok dieser Reihe. Damit verfügte die DR über 646 Exemplare. Die 243 001 blieb Eigentum von LEW und wurde zum Versuchsträger für Drehstromantriebstechnik.

Der Führerstand war für damalige Verhältnisse ein Sprung in die Moderne. Übersichtlich angeordnete Bedieneinrichtungen, Vorwahlmöglichkeiten der Geschwindigkeit oder ein Waschbecken am Seitengang waren Neuerungen.

DMV-Sonderzugfahrt mit der alten E 04 01 und neuen 212 001

Versuchsträger 243 001 mit Messwagen im Bw Ostbahnhof

Serienfahrzeuge der Baureihe 243 vor den Sputnikzügen in Genshagener Heide

Die 243 ist eine der wenigen Reihen, die den Übergang zur DB AG nahezu unbeschadet überstand. Zwar gab die DR die 243 922 zu Testzwecken in die Schweiz ab, doch orderte bereits 1991 die DB mehrere Maschinen, um ihren S-Bahnverkehr um Nürnberg und Düsseldorf oder im Höllental zu modernisieren. So kam es vor, dass bereits vor der Umzeichnung 1992 einige 243 neben einer 143, zum Teil mit DR-Anschrift oder im neuen S-Bahnkleid, mit DR-Logo standen.

Wussten Sie schon?

Nach 1990 gewann der Zugverkehr mit 160 km/h an Bedeutung. Aus dem LEW Hennigsdorf wurde AEG und diese Firma baute ab 1990 die Baureihe 112.0 mit vier Vorserien- und 1991 mit 35 Serienloks. Einige von ihnen kamen zum Bw Seelze bei Hannover und zogen IC-Züge. Von 1992 bis 1994 baute AEG die Serie 112.1 mit 90 Fahrzeugen.

Dreiachser

64 Modernisierung von Wagen

Nachdem das Raw Gotha 1956 kein Rotbuchenholz mehr für die Reparatur der Abteilwagenkasten beschaffen konnte, setzten Überlegungen zur Modernisierung der alten Reisezugwagen der DR ein. Ab 1957 begann die Rekonstruktion von zwei- und dreiachsigen Länderbahnreisezugwagen, zumeist aus dem Abteilwagenbestand. Das Raw Leipzig baute 1957 einen ersten Baumusterwagen (B3g-57), von dessen Spenderfahrzeug nur das Untergestell verwendet und der Wagenkasten als blechverkleidetes Stahlgerippe neu ausgeführt wurde. Die Fensterteilung und die Fenster glichen der Ausführung der vierachsige Neubauwagen mit Mitteleinstieg. Der Baumusterwagen besaß an jedem Wagenende eine Einstiegstür und verfügte über 44 Sitzplätze 2. Klasse, die mit Stahlrohgestell sowie den grünen mit Kunstleder bezogenen Sitzflächen, Rücken- und Armlehnen der Ausführung der modernen Doppelstockwagen glichen.

Vom Muster zur Vorserie

Dem Baumusterwagen folgte 1958 eine Vorserie mit zwölf Wagen (B3g-57a). Noch im selben Jahr begann im Raw Halberstadt die Serienfertigung der zwei- und dreiachsigen Rekowagen B3g(e)-57 mit Veränderungen gegenüber der Vorserie. So besaßen die Wagen nur noch am rechten Wagenende eine große Schiebetür, einen Abort und 48 Sitzplätze in der bewährten Ausführung. Bis 1964 wurden 2.608 Wagen umgebaut. 1962/64 folgte eine Ausführung mit Traglastenabteil (B3gtr(e)), die nur 32 Sitzplätze bot.

Werksverkehr mit Zwei- und Dreiachsern in Kirchmöser

Der „Holzroller“

65

Einige gibt es noch

Nach dem Bau von elektrischen Lokomotiven für die polnische PKP orderte die DR beim LEW Hennigsdorf auch den Bau von Elloks. Der Lizenz-Nachbau der E 10 und E 40 waren gescheitert, so musste selbst eine moderne Variante konstruiert werden. Hennigsdorf stellte 1961 die ersten Baumuster E 11 001 und 002 als Schnellzuglok für 120 km/h auf zwei zweiachsigen Drehgestellen vor. Bereits 1962 begann die Serienfertigung.

Unterbrochen wurde der Bau durch die Güterzugausführung der E 42 mit 100 km/h. Die Baumuster E 42 001 und E 42 002 standen 1962 auf den Schienen. Im Folgejahr begann die weitere Auslieferung. Bis 1976 waren insgesamt 292 Stück gebaut. Sie bewährten sich im schweren Güterzugdienst wie auch vor Wendezügen im S-Bahnverkehr.

Ab 1970 baute Hennigsdorf auch die E 11, die nun 211 hieß, weiter. Insgesamt 96 Maschinen dieser Type standen bis 1976 bereit. Wurden die ersten Maschinen in dunkelgrün ausgeliefert, entschied sich die DR später, in Weinrot mit weißen Zierstreifen umzulackieren. Als Erklärung für den Begriff „Holzroller“ gibt es mehrere Varianten: Zum einen hatte die ersten

Bahnhof Braunsbedra: Eröffnung des elektrischen Zugbetriebs im Geiseltal

Serie die Lüftergitter, die Holzlatten auf dem Dach. Zum anderen hüpfte der starre Lokkasten wie ein alter Holzroller nahezu ungefedert über jeden Schienenstoß. Hennigsdorf lieferte 1965 noch 15 Exemplare der E 251 aus. Äußerlich sahen sie der E 11/E 42 ähnlich. Doch sie waren sechsachsig, statt 16 2/3Hz mit 15 kV nutzten sie 25 kV mit 50 Hz. Sie kamen zur Rübelandbahn. Waren anfangs noch alle Elloks in den Bw der Rbd Dresden, Halle oder Erfurt beheimatet, verschob sich das mit der weiteren Streckenelektrifizierung ab Anfang der 1980er-Jahre auch zu den Bw der Rbd Berlin und Greifswald.

Ab in den Güterzugdienst

Mit der Übernahme der 250 und 243 kam die E 11 in mindere Dienste. Umgebaut mit Vielfahrsteuerung liefen Pärchen als 211.8 im Güterzugdienst. Weitere erhielten einen Getriebeumbau und fanden sich Ende der 1980er-Jahre in der Reihe 242 wieder.

Nur noch 69 Lok der Reihe 211 sowie 305 (!) der Baureihe 242 fanden sich im Umzeichnungsplan der DB AG wieder. Fortan hießen sie 109 und 142. Die DR veräußerte noch einige 142er, darunter umgebaute 211er, im Jahr 1993 in die Schweiz. 1998/1999 wurden bei der DB AG alle „Holzroller“ ausgemustert; einige blieben als Museumsloks erhalten.

242 001 unterwegs mit einem Reisezug im sächsischen Elbtal

E 11 020 zur Ausstellung in der Berliner Frankfurter Allee

Die E 11/E 42 gab es zunächst in grün, blau (S-Bahn Leipzig) oder dann in rot.

Umzeichnung der E 11/211 ab 1992 in Baureihe 109

Indizieren

66

Erst dann ging es wieder in den Dienst

Nach der Hauptuntersuchung einer Dampflok im Raw Meiningen müssen bei den anschließenden Probefahrten alle Teile geprüft und die Dampfzuführung über die Steuerung und Zylinder optimal eingestellt werden. Ein dazu geltendes Regelwerk ist die DS (Drucksache) 991.99.

Eine erste Probefahrt findet meist noch im Werkhof oder im Bahnhof statt. Nach dem Anbau der Indiziergeräte, mechanischen Schreibstreifen, erfolgt die Indizierfahrt. Werden alle Teile gleichmäßig mit Dampf versorgt? Spezialisten des Werkes hören es am Klang. Kommt der Auspuffschlag gleichmäßig oder unterschiedlich stark, gar versetzt? Jetzt werden die Schieber eingestellt, nachreguliert. Die Aufzeichnungen ergeben Aufschluss über die Dampfverteilung durch die Kolbenschieber sowie die gleichmäßige Ein- und Ausströmung des Dampfes.

Alles in Ordnung?

Wie arbeitet der Kolbenschieber? Teile davon, Schwinge, Verbindungen zur Treibachse werden wieder gelöst, damit der Abnahme-Inspektor manuell Pumpbewegungen durchführt und mit seinen Messwerkzeugungen Einstellungen vornimmt. Erst wenn diese Werte stimmen, der Auspuffschlag gut klingt, geht es auf eine Lastprobe- und spätere Abnahmefahrt. Dazu wird ein Zug über eine Strecke bei voller Leistung befördert.

Prüfarbeiten am Dampfzylinder bei einer Probefahrt

Baureihe 250

Das „Kastenbrot"

Bereits Anfang der 1970er sah die DR, dass die vorhandenen Elloks die steigenden Zuglasten nicht mehr optimal bewältigen würden. Beschafft werden sollte eine sechsachsige Co´Co´-Lokomotive mit einer Stundenleistung von 5.400 kW bzw. maximalen Höchstgeschwindigkeit von 125 km/h. 1974 stellte LEW Hennigsdorf die ersten drei Baumuster 250 001–003 vor. Sie wurden ausgiebig getestet, ehe ab 1977 die Serienfertigung von 270 Maschinen begann. 1984 endete die Auslieferung zugunsten der 243 (da im LEW nur eine Produktionslinie möglich war). Die Kastenform des gesamten Fahrzeuges gab Anlass für viele (böse) Spitznamen, von Kastenbrot über Container, Kabelcontainer bis hin zum sächsischen Ausspruch „Zwofuffsch".

Schwer schuften

Die Baureihe 250 überzeugte im schweren D-Zug-Einsatz wie vor schweren Güterzügen, die sie durchs ganze Land brachte. Zum Teil wurden Umläufe mit Personenzügen ausgelastet, was für Reisende aufgrund der raschen Anfahrzugkraft ein erstaunliches Erlebnis war. Die Oberstrombegrenzung wurde angepasst. Im Knoten Halle hatte die 250er ihre Mühe, denn statt 15 kV gab es dort oft nur 12 kV in der Oberleitung.

Der Großteil fand sich als neue Baureihe 155 im Umzeichnungsplan der DB AG wieder. Neue Betriebshöfe, wie Mannheim, kamen hinzu.

Schwere Lok vor leichtem Personenzug: 250 040 in Dessau Hauptbahnhof

Kohlenstaub

Eine gute Idee?

68

Sie sollten helfen, den in der DDR herrschende Mangel an Steinkohle zu überbrücken, doch der Umbau von Normalspur-Dampfloks auf Kohlenstaubfeuerung blieb nur ein Intermezzo. Die von Hans Wendler weiterentwickelte Kohlenstaubförderung mit Druckluft galt erst als zukunftsweisende Lösung, fehlender Kohlenstaub, kaum betriebsfähige Loks und geflissentlich verdrängte Probleme, wie die kupfernen Feuerbüchsen der alten preußischen Maschinen, ließen die DR aber bald Abstand nehmen von einem groß angelegten Umbauprogramm. Nach rund zehn Jahren des Entwickelns, Erprobens und Behebens von Kinderkrankheiten und Mängeln wurde beschlossen, keine Dampflok mehr auf Kohlenstaubfeuerung umzubauen. Dem geringeren Brennstoffverbrauch standen höhere Unterhaltungskosten gegenüber.

Nachdem sich die umgebauten Schnellzugloks der Reihe 17.[10-12] sowie die Einzelgänger 03 1087, 07 1001, 08 1001 im Betrieb nie wirklich bewährt hatten, wurden die letzten Maschinen Anfang 1961 ausgemustert. Zufriedener war man mit den umgebauten Güterzugloks der Baureihen 44 und 58. In der zweiten Hälfte der 1950er-Jahre begann der Umbau von Loks der Reihe 52. Kritisch blieb die Kohlenstaubversorgung: Nicht nur die zur Verfügung stehenden Staubmengen waren ein Problem, auch fehlten Bunkeranlagen in den Bw. Mitte 1959 waren nur in Halle G, Dresden-Friedrichstadt und Senftenberg Bunkerstationen vorhanden. Die Arnstädter Anlage war seit 1958 im Bau, in Berlin Ostbahnhof, Cottbus, Leipzig-Waren und Meiningen mussten Behelfsbunkerstationen aus umgebauten Großkesselwagen genügen.

Ende der 1950er-, Anfang der 1960er-Jahre hatte sich der Einsatz der rund 90 Kohlenstaub-Güterzugloks dennoch weitgehend stabilisiert. Einsatz-Bws waren vor allem Arnstadt, Halle G, Dresden-Friedrichstadt und Senftenberg. Haupteinsatzgebiet der Kohlenstaub-44er war der schwere Dienst im Thüringer Bergland. Die Senftenberger 52er liefen in anspruchsvollen Diensten recht zuverlässig, die 58 Kst standen neben Dresden-Friedrichstadt noch bei den Bw Halle G und Arnstadt in Diensten. Seit Sommer 1965 waren alle 44 Kst im Bw Arnstadt beheimatet, wo sie bis Dezember 1974 ausschieden. Die Kohlenstaub-52er blieben ihre gesamte Betriebszeit über in der Lausitz und waren noch bis Mitte der 1970er-Jahre aus dem Güterzugdienst nicht wegzudenken. Die meisten Senftenberger Maschinen wurden zwischen 1976 und 1979 abgestellt. (DW)

52 9195 an der Bunkerstation im Bw Senftenberg (1978)

Deutlich ist an der 52 9222 der Kohlenstaubbehälter zu erkennen.

Abschiedsfahrt 1974 vom Bw Arnstadt nach Oberhof mit der 44 9612

Museumslokomotiven

Alte Technik lebendig halten

69

Mit dem Ausscheiden verschiedenster Maschinen im Zuge des Traktionswechsels zeigten bereits in der Mitte der 1960er Fachleute die Weitsicht, bestimmte Fahrzeuge der Nachwelt zu erhalten. Eine erste Anordnung vom 10. Dezember 1966 schrieb fest, 27 Dampflokomotiven für Museumszwecke aufzubewahren. Von besonderem Interesse waren unterschiedliche Bauarten des Triebwerks oder der Gelenke. So reichte die Palette von Vierzylinder-Lokomotiven bis hin zu den Triebwerksarten Meyer, Mallet oder Fairlie. Auch sollte stets das älteste Fahrzeug erhalten bleiben. Dazu gehörten die 98 001 von der Dresdner Windbergbahn (Meyer-Triebwerk) oder die Fairlie-Lok 99 162 aus Reichenbach (mit zwei Kesseln). Genauso genossen bald die 01 005, 03 001, 43 001, 58 201 oder die Vierzylinder-Lokomotiven 17 1055 oder 18 314 diesen Status.

Zwei S-Bahn-Generationen: der ET 165 und die 74 1230 in Berlin-Wannsee

Wieder auf „original" umgerüstet – die Berliner 52 6666

Ziel: Fahren soll sie können

Die „Ordnung für Eisenbahnmuseumsfahrzeuge" trat 1975 in Kraft und wurde 1983 mit zahlreichen Erweiterungen überarbeitet. Neben dem musealen Erhalt in einem Depot als nicht betriebsfähiges Exponat war längst das Ziel, viele Lokomotiven betriebsfähig bzw. wieder betriebsfähig zu erhalten.

In der Zwischenzeit wurde aus technischer Sicht die 58 201 gegen die 58 261 ausgetauscht, die 18 314 (02 0314) in die Bundesrepublik verkauft, die 18 001 zugunsten der 19 017 verschrottet. Die 75 515 erlitt im Hbf von Karl-Marx-Stadt einen Auffahrunfall und stand über acht Jahren wartend auf Ausbesserung abgestellt. Neben der 55 669, 57 3297, 75 515, 78 009, 80 023 oder 95 6676 versammelten sich nun vermehrt Dampfrösser, die noch bzw. wieder unter Dampf standen. Dazu zählte die 03 001 genauso wie die 38 1182, 62 015, 64 007, 91 134, 74 1230 oder 89 1004. Andere kamen teilweise aus dem Betriebspark heraus und mussten sogar bei Lokmangel in ihren Heimat-Betriebswerken wieder in den regulären Zug- oder Heizlokdienst einspringen. Dieses Schicksal ereilte zum Beispiel die 50 1849, 52 6666, 86 1001 oder 58 3047.

Die Pflege und Vorhaltung übernahmen Eisenbahner in den Bahnbetriebswerken. Eisenbahnfreunde aus dem DMV halfen. In den 1980er-Jahren kamen noch verschiedene historische Wagen hinzu, so u. a. der Zwickauer Eilzug oder der Veltener Personenzug. Regelmäßig waren die Lokomotiven vor Sonderzügen oder bei Ausstellungen zu sehen.

Neubau im Raw

Der Versuch, dem Mangel zu entkommen

70

Der DR fehlte es stets an neuen Reisezugwagen. Das Modernisierungsprogramm für Reisezugwagen war aufgrund der Kapazitäten der Reichsbahnausbesserungswerke (Raw) begrenzt. Das Raw Delitzsch schuf den sogenannten Mod-Wagen und aus dem Raw Halberstadt kamen in den 1970er Jahren 3.031 Reko-Wagen der Gattung Bghw. Das Problem in Halberstadt war die kurze Schiebebühne für Wagen mit 18,70 m Länge. 1973 und 1977 kamen noch insgesamt 50 kurze Speisewagen der Gattung WRg hinzu. Erst mit der Verlängerung der Schiebebühne 1978 konnten im Raw Halberstadt Reisezugwagen mit einer UIC-Länge von 26,4 m gebaut werden. Bis 1983 stellte das Raw 1279 Mitteleinstiegwagen der Gattung Bmhe mit 88 Sitzplätzen fertig.

1982 fertigte das Raw Halberstadt die ersten sechs Seitengang-Schnellzugwagen der Gattung Am (1. Klasse). 1983 folgte die Serie mit 110 Wagen Gattung Ame, zehn mit ABme, und ab 1984 mit 180 Wagen Bme (2. Klasse). Die Drehgestelle waren von der Bauart Görlitz V für 140 km/h und ab 1984 zum Teil von der Bauart GP 200 für 200 km/h. Somit waren vor allem Einsätze im internationalen Verkehr zur Bundesrepublik möglich. Weitere Wagen wurden gebaut, darunter auch Zellenwagen, Salonwagen für den Regierungszug oder Sitz-/Gepäckwagen und ein Baumuster eines Großraumwagens. Bis Anfang der 1990er-Jahre kamen aus Halberstadt über 1600 Fahrzeuge dieser Art.

Das Raw Halberstadt baute Reisezugwagen für die DR.

Ferkeltaxe und Co.

71

Die Schienenbusse der DR

Als Ersatz für die Verbrennungstriebwagen für die Nebenahnen aus den 1930er-Jahre entwickelte der VEB Waggonbau Bautzen Leichtbau-Verbrennungstriebwagen. Der Bau begann 1957, 1959 standen die Baumuster der Gattung VT 2.09 zur Verfügung. 1962 waren sie zusammen mit sechs weiteren VT im Einsatz. Ab 1963 folgte die Serie mit 62 Stück. 1965 kamen 16 Trieb- und auch Steuerwagen zum Bestand der DR. Inzwischen übernahm Bautzen andere Aufgaben, sodass der Waggonbau Görlitz ab 1969 die Lieferung mit 73 Trieb- und 72 Steuerwagen übernahm. Die Baumuster wiesen noch einen Büssing-Motor auf, die Serie dann Sechszylinder-Reihenmotoren aus Roßlau. Mit den 180 PS konnten 90 km/h erreicht werden. Bemerkenswert war die mechanische Kupplung und der offene Führerraum, sodass jeder Reisende (auch wie beim DB-Pendant „Uerdinger VT") dem Lokführer über die Schulter schauen konnte.

Zweiachsiger Steuerwagen zum Leichtbau-Verbrennunstriebwagen (LVT) der DR.

„Ferkeltaxen" in einem ihrer Heimat-Bw, hier Jerichow

Farbe: rot!

Ab 1970 kamen die roten zweiachsigen Fahrzeuge – die auch „Ferkeltaxen“ oder „Blutblase“ genannt wurden – in das neue Nummernschema: 171 (Motorwagen), 171.8 (Beiwagen) und 172 Triebwagen mit 2 Führerständen). Die VT/VS konnten aufgrund ihrer Scharfenbergkupplung in Verbänden bis zu sechs Fahrzeugen verkehren. Als Retter der Nebenbahnen schafften die Ferkeltaxen einen Einsatz bis in die 1990er-Jahre. Die DB AG führte sie als 771/772 und ließ sie im Raw Halle modernisieren. Letzte Einsätze waren dann schließlich auf der Halbinsel Usedom (mit Erdgas), von Berlin-Lichtenberg aus nach Wittstock (Dosse), im Vorharz oder rund um Jerichow. Auf den Hauptstrecken wurden sie von den neuen 628 oder Dieselloks im Wendezugdienst verdrängt. Oft wurden sie nicht mehr benötigt, da die DB AG die befahrene, aber kaum genutzte Strecke stilllegte.

Die DR suchte in den 1960ern auch nach vierachsigen VT. 1964/65 baute Bautzen zwei Muster der Reihe VT 4.12. Mit 400 bzw. 440 PS erreichten die VT 120 bzw. 125 km/h. Letztlich orientierte sich die DR weiter an der Beschaffung der Zweiachser. Als 173 001 und 002 war ihr Weg früh beendet. Beide blieben museal erhalten.

Der Waggonbau Görlitz baute Ende der 1980er-Jahre für die Unterhaltung des elektrifizierten Streckennetzes neue vierachsige Oberleitungsrevisionstriebwagen der Baureihe 188.3. Mit freien Kapazitäten wäre das auch der Beginn eines modernen Vierachsers für den Reisezugdienst gewesen.

Trieb- und Beiwagen 172 001 auf der Drehscheibe in Neustrelitz

Es gab nur zwei Prototypen neuer Triebwagen der Baureihe 173.

Öl und Kohle

72

Die leidige Frage des Betriebsmittels

Da nicht immer gute Steinkohle für die Dampfloks bereit stand und damit die kontinuierliche Kesselleistung mitunter nicht gegeben war, entschied sich fünf Jahre nach der DB auch die DR, kohlegefeuerte Dampfloks mit einer Ölhauptfeuerung auszurüsten. 1963 stand Baumusterlok 44 195 bereit. Ihr folgten 96 weitere Exemplare der Baureihe 44. Damit war die 44er wieder eine leistungsstarke Lok, die Arbeitsbedingungen verbesserten sich sehr. Schwere Öl- oder Kieszüge und anderes zogen die Loks vom Bw Eberswalde, Wittenberge, Güstrow, Sangerhausen und Nordhausen. Schweres Bunkeröl stand der DR als Abfallprodukt von der Ölumwandlung im PCK Schwedt zur Verfügung. Auf 70° C vorgewärmt konnte es dem Feuerraum zugeführt werden.

1966 folgte der Umbau von 72 Exemplaren der Baureihe 50.35. Diese erhielten im Gegensatz zur 44er die Bezeichnung 50.50. Ab 1970 mit der EDV-Bezeichnung erhielten alle ölgefeuerten Dampfloks eine 0 an der ersten Stelle der Ordnungsnummer. Die ölgefeuerten 50er waren zumeist in Wittenberge, Wismar, Pasewalk und Angermünde beheimatet.

Die ölgefeuerte 44 0235 zwischen Eberswalde und Angermünde

Nach der Instandsetzung: Öllok 50 0072 im Raw Meiningen

In einigen der genannten Dienststellen wurden zugleich Öl-Betankungsstellen errichtet. Die Eberswalder mussten aufgrund der Laufwege in Angermünde Öl nachbunkern.

Weitere Umbauten betrafen die 16 rekonstruierten Schnellzuglokomotiven der Baureihe 03.10, ab 1970 Reihe 03.0, des Bw Stralsund. 28 Loks der Reko-Baureihe 01.5 erhielten ebenfalls eine Ölfeuerung. Ab der 01 519 war sie bereits ab Werk installiert. Die 01er waren in Rostock, Wittenberge, Pasewalk und Saalfeld zuhause. Ebenso eine Ölfeuerung erhielten die Loks der VES-M Halle (18 201, 18 314, 19 015, 19 022) sowie ab 1966 24 Exemplare der Baureihe 95 (ehemalige preußische T 20) des Bw Probstzella.

Öl: Das Hin und Her

Auch alle 17 Maschinen der Baureihe 99.23 von der Harzquerbahn wurden zwischen 1976 und 1981 auf Öl umgebaut. Doch ab 1981 wurde das Öl teuer und knapp. Alle Harzloks baute das Raw Görlitz von 1982 bis 1984 wieder auf Rostfeuerung um. Die 03.00 waren ausgemustert, die 01.05 wichen zum Teil den kohlegefeuerten Loks der Baureihe 01.15. Bis auf drei Heizloks in Görlitz wurden alle übrigen 50er abgestellt. Das Raw Meiningen baute einige 44er wieder zurück auf Rostfeuerung, doch zumeist kamen diese ab 1982 nicht über Heizdienste hinaus. Selbst die Museumsloks 03 0010, 01 0531, 44 0093 und 95 0027 erhielten eine Rostfeuerung. Nur die 18 201 blieb ölgefeuert.

Reko-Dampfloks

73

Nicht alles muss neu sein …

Durch die kriegsbedingt ausgelassenen Hauptuntersuchungen war Mitte der 1950er-Jahre der Dampflokpark sehr heruntergewirtschaftet. Mit umfangreichen Teilerneuerungen an den Loks der Baureihen 52 und 58 begann zunächst ab 1954 die sogenannte Generalreparatur. Schnell war klar, dass ein Großteil der Lokomotiven auch neue, geschweißte Dampfkessel benötigen würde. Ab 1957 stand die Reko-Baureihe 50 im Raw Stendal auf den Schienen, die später als 50.35 (ab 50 3501) bezeichnet wurde. 208 Maschinen baute das Raw Stendal um. Dem schlossen sich dort 200 Stück der Baureihe 52 an. Nahezu zeitgleich rekonstruierten die Werke Meiningen und Zwickau, teilweise auch Chemnitz, mehrere Lokomotiven der Reihen 03.10 (18 Stück), 39 (85), 58 (56), 41 (80) und 01 (35). Zum Teil wurden neue Unterbezeichnungen, wie 01.5, 58.30, 52.80, 22 (aus 39) geschaffen. Dabei erhielten die 01.5 und 58.30 auch ein gänzlich neues Aussehen. Hinzu kamen noch fünf Lokomotiven der VES-M Halle. Markant war bei den Reko-Lokomotiven der Verbrennungskammerkessel mit eckigem Mischvorwärmer sowie die geschweißten Zylindern. Einige Loks der Baureihen

Die Rekolok 52 8169 verlässt den Bahnhof Zittau.

Reko-50 und Reko-52 – 50 3517 und 52 8170 zum Feiertag geschmückt

01.5 und 50.35 wurden später, bei der 01 ab Nummer 519 sofort in das Umbauprogramm der Ölhauptfeuerung einbezogen. Der Versuch mit Boxpok-Radsätzen (Fertigung in Stahlguss nach russischem bzw. amerikanischen Vorbild) bei der 01.5 scheiterte jedoch. Die geplante Rekonstruktion zu einer neuen 03.5 wurde nicht mehr durchgeführt. Lediglich von den abgestellten Loks der Baureihe 22 bekamen diese die neuen Kessel.

Manchmal war es eher ein Neubau

Ein ähnliches Reko-Programm war im Raw Schlauroth (Görlitz) für die sächsischen IVK (99.51-60) und VIK (99.64-71) vorgesehen. Letztere Gattung kam mit ihren sieben Exemplaren mit einem neuen Aussehen, ähnlich den Einheitslokomotiven, aus dem Werk. Da auch die Rahmen erneuert und andere Großteile ersetzt wurden, ist der Begriff Rekonstruktion kaum zu halten, es waren eher komplette Neubauten. 30 IVK erfuhren diesen Umbau. Ähnlich erging es weiteren einzelnen Schmalspurloks, die jedoch unter dem Begriff Großteilerneuerung oder Ersatzinvestition geführt wurden.

Der Großteil der Reko-Lokomotiven war bis in die 1980er-Jahre im Einsatz bzw. ist es heute noch bei Museumsbahnen.

Neubau-Dampfloks

74

Der Bedarf war groß

Bereits wenige Jahre nach dem Ende des Zweiten Weltkrieges beschäftigte sich die DR mit einem Neubauprogramm von Dampflokomotiven. Dazu zählten Gattungen für den Schnellzugdienst, für Personen- und Güterzüge. Bewährtes, wie die Baureihe 23, sollte in geeigneter Form weiterentwickelt und gebaut werden. Doch die SMAD sah in der Transportverwaltung der DR dafür kein Erfordernis.

Braunkohle war technisch eine Herausforderung

Erst in der DDR kamen die Pläne wieder auf dem Tisch. Das Institut für Schienenfahrzeuge in Berlin konstruierte im Auftrag der DR verschiedene Typen. Wichtig war ein großzügig bemessener Feuerraum, um minderwertige Braunkohle verfeuern zu können. Dennoch waren entsprechende Kesselleistungen gefordert.

23 1001 wurde 1970 zur 35 1001 und 1977 ausgemustert.

Die 83 1004, hier 1969 in Saalfeld, wurde 1971 ausgereiht und diente als Heizlok weiter.

Mit dem Bau wurde der Lokomotivbau in Potsdam-Babelsberg beauftragt. Ab 1952 lieferte LKM folgende Baureihen mit den Stückzahlen aus:

- Schmalspurtenderlok 99.77-79 (750 mm) mit 26 Stück (+ 2 Werkloks) 1952–1956
- Tenderlok für Personenzüge Baureihe 65.10 mit 88 Stück (+ 7 Werkloks für VEB Leuna) 1954–1958
- Schlepptenderlok für Personenzüge 25/25.10 mit 2 Stück ab 1954
- Schmalspurtenderlok 99.23-24 (1000 mm) mit 17 Stück 1954–1956
- Schlepptenderlok für Personenzüge 23.10 mit 113 Stück 1956–1959
- Tenderlok für Güterzüge 83.10 mit 27 Stück 1955–1956
- Schlepptenderlok für Güterzüge 50.40 mit 88 Stück 1956–1960

Dass die Industrie Vorrang besaß, beweist der Fakt, das LKM bereits ab 1950 Schmalspurloks für die Wismut und andere Großbetriebe mit einer Spur von 900 mm baute. Drei von ihnen kamen als 99.33 zur DR, zum „Molli“. Die Betriebseinsätze dauerten, bis auf die 99er, meist nur 15–20 Jahre. Neben dem Traktionswechsel war vor allem der schwach ausgebildete Blechrahmen als ein Mangel ausschlaggebend.

SVT 137

75 Eisenbahnzukunft von gestern

Nur wenige Exemplare der einstigen Schnell-Verbrennungstriebwagen der Baureihe 137 verblieben nach dem Zweiten Weltkrieg bei der DR. Mitte der 1930er-Jahre gebaut, brachten die SVT der Bauarten Hamburg, Köln, Berlin und Leipzig seinerzeit einen neuen Reisekomfort. Ab 1946 blieb davon wenig. Nach wenigen Einsätzen im FD-Verkehr nach Prag oder Erfurt oder im Transitdienst nach Hamburg sowie erforderlichen Aufarbeitungen kamen sie ab 1957 als neue internationale Direktverbinung „Vindobona" von Berlin über Prag bis nach Wien in den Einsatz. Hinzu kamen auch Einsätze über die Ostseefähren nach Skandinavien oder nach Warschau. Beheimatet waren alle Triebwagen in Berlin-Karlshorst.

Ab 1966 verdrängten die VT 18.16 der Bauart Görlitz die alten SVT. Nun liefen sie in minderen Diensten, zum Beispiel nach Bautzen, Leipzig oder Rostock.

Für den Verkehrsminister

Der SVT 137 234 wurde Mitte der 1960er-Jahre als Sondertriebwagen für den Verkehrsminister vorgehalten, ehe er später als Aufenthaltswagen für die Elektrifizierung zweckentfremdet wurde. SVT 137 225 diente als Regierungszug in der Ära Ulbricht. Diesen Zug erhielt die DR. Weitere überlebten in unterschiedlichen Zuständen die Wendezeit, sodass heute auch ein SVT Köln und Leipzig erhalten sind.

Triebwagentreffen des DMV in Beeskow

Rentnerplan

76

Da waren die Alten plötzlich wieder gefragt

Spare jeden Pfennig, koste es was es wolle – war eine Losung zum Beginn der 1980er-Jahre. Wertvoller Dieselkraftstoff und Bunkeröl musste eingespart werden, und so versuchte sich die DR wieder vermehrt am Einsatz von kohlegefeuerten Dampfloks. Auch Bahnbetriebswerke, die bereits alle Maschinen abgegeben hatten, mussten sich daran beteiligen. Andere, die ihre leistungsstarken Öl-Jumbos der Baureihe 44 zwangsläufig abstellen mussten, erhielten auch 52er.

Im Bw Altenburg besetzten ältere Herren noch einmal eine Lok der Reihe 52 und fuhren nach Beiern-Langenleuba. Es war ein Nahgüterzug und mit ihm ging es nahezu gemütlich zu. Ein schöner Tagesdienst mit leichter Last. Die alten Herren, bald Rentner, konnten zeigen, dass sie nicht zum alten Eisen gehören. Ähnliche Dienste hielt das Bw Brandenburg im Personen- und Arbeitszugdienst vor. Das Bw Aue (Sachs) zog die letzten 86er zusammen und fuhr alle Züge auf der Nebenbahn zwischen Schlettau und Crottendorf. Ähnliche Leistungen erbrachten die Mannschaften von Angermünde nach Tantow oder von Sangerhausen nach Stolberg. Nicht jeder „Kohleeinsatz“ war den Alten zuzumuten – im Bw Saalfeld wurden Heizer gesucht, die Schipperei auf der 01 wurde zum Jugendobjekt.

Ausfahrt Lommatzsch mit 50 3551 und Museumslok 35 1113 im Plandienst

Die bestens gepflegte Berliner 52 8145 am Treptower Park

Das Autobahnviadukt von Berbersdorf wird von der 50 3704 unterquert.

52 8145 durchfährt den einstigen Bahnhof Berlin Leninallee.

Lokhilfe: Museumslok 50 849 im regulären Güterzugdienst nach Aue

Reko-01.5

77

Die schönste Baureihe

Darf der Autor eine Lieblings-Baureihe haben? Für ihn ist es die rekonstruierte Einheitslok der Baureihe 01, die als 01.5 bezeichnet wurde.

Ab 1925 lieferten mehrere deutsche Fabriken für den schweren Schnellzugdienst die Baureihe 01 aus. 231 Stück entstanden. Der harte Dienst forderte seinen Tribut, zumeist waren die Kessel verschlissen. Durch den neuen Kessel mit zwei Schüssen mit Verbrennungskammer und Mischvorwärmer entstand ein völlig neues Bild. Die großen Windleitbleche wichen schmaleren, ähnlich der Bauart Witte. Die Domverkleidung sowie eine elegante Schürze rundeten das Bild ab. Ab der laufenden Nummer 19 (01 519) erhielten die Maschinen eine Ölhauptfeuerung. Auch wenn nur 35 Exemplare im Raw Meiningen umgebaut wurden, bestimmten sie über Jahre das Bild der DR zwischen Berlin und Dresden, Berlin und Hamburg oder auch im weiteren Transitverkehr von Berlin über Dessau nach Probstzella. Die Lok war bis zu 130 km/h schnell, eine gute Kesselreserve ließen sie mühelos 12, 13, 14 Wagen ziehen. Anfang der 1980er-Jahre kam die 01.5 „auf die Dörfer“, sie fuhr dann Personenzüge nach Neubrandenburg oder Gera. Einige der Renner sind noch erhalten, zum Teil betriebsfähig.

01 1514 mit spitzer Rauchkammertür im alten Bf Berlin-Lichtenberg

Das Signal steht links im Bahnhof Berlin Zoologischer Garten: 01 0532 fährt nach Hamburg.

Mit ihrem Transitzug hat die ölgefeuerte 01 0519 Berlin Zoo erreicht.

Wieder auf Rostfeuerung: 01 1519 blieb der Nachwelt erhalten.

Die „Taigatrommel“

Loks aus der UdSSR

78

Der Rat für gegenseitige Wirtschaftshilfe (RGW) sah vor, dass Diesellokomotiven mit 2.000 PS künftig in der UdSSR für die Staatengemeinschaft gebaut werden. Die sowjetische Lokomotivfabrik Lugansk (Ukraine, Luhansk) lieferte nach zwei Prototypen der Reihe M62 die erste Serie ab 1965 an Ungarn aus. Neben Polen und der CSSR wurden auch an die DDR ab 1996 diese Type geliefert. Sie hieß V 200. Bis 1975 erhielt die DR 378 Stück. Hinzu kamen noch 18 für Werkbahnen der Braunkohle bzw. der SDAG Wismut.

Leise war was anderes

Die ersten 177 Exemplare kamen ohne Schalldämpfer in den Einsatz. Das brachte der V 200 aufgrund der Lautstärke den Begriff „Taigatrommel“ ein. In Dresden nannte man sie jedoch „Wumme“. Die Schalldämpfer baute später das Raw Meiningen ein.

Die 120 269 ist nach der Abstellung Museumslok.

Im tagtäglichen Einsatz – die 120er des Bw Gera

Mit 2.000 PS und einer Höchstgeschwindigkeit von 100 km/h bewältige die V 200 bzw. 120 (ab 1970) in alle Regionen der DR zuverlässig den Güterzugdienst. Aufgrund einer fehlenden Zugheizung kam die „Trommel" nur selten und nur in den Sommermonaten vor Reisezügen zum Einsatz. In Dresden-Friedrichstadt waren sie am Ablaufberg eingesetzt. Die Bws Berlin-Pankow, Angermünde, Eberswalde, Dresden, Güstrow oder auch Leipzig-Wahren setzten sie in großen Stückzahlen ein. Noch 200 Exemplare fanden sich im Umzeichnungsplan der DB AG wieder, schieden jedoch bis 1994 alle (betätigungslos) aus.

Wussten Sie schon?

Bei verschiedensten Privatbahnen kamen in den vergangen Jahren auch Lokomotiven der Reihe V 200 zum Einsatz. Diese stammten zum Teil jedoch aus Tschechien und erhielten nun neue Nummern in der bestehenden Reihe. Die 120 001 ist heute im Museum in Schwerin vorhanden. Weitere Exemplare sind in Chemnitz, Arnstadt, Dresden oder Weimar erhalten worden.

VES-M Halle

Sie war für vieles zuständig

79

Nach Kriegsende musste die DR nach einem Ersatz für das zerstörte und demontierte LVA Grunewald suchen. 1949 wurde in Halle die „Lok-Versuchsstelle“ geschaffen, die für die Erprobung vorhandener Fahrzeuge, wie auch zur Bewertung von Neukonstruktionen dienen sollte. Ihr erster Leiter war Max Baumberg. Mit dieser Keimzelle einer neuen Versuchsabteilung, die 1952 zur Fahrzeugversuchsanstalt umbenannt wurde und ab 1960 im Zusammenschluss mit der 1956 gegründeten Versuchsanstalt für elektrische Zugförderung in Halle mit dem elektrischen Prüffeld in Dessau und der 1956 gegründeten Versuchsanstalt für Motorfahrzeuge in Dessau in der Versuchs- und Entwicklungsstelle der Maschinenwirtschaft der DR (VES-M) aufging, setzte die DR dort an, wo die LVA Grunewald aufgehört hatte.

Die VES-M war für die Prüfung und Bewertung sämtlicher Fahrzeuge der DR zuständig. Daneben hatte sie auch einen wesentlichen Anteil an der Modernisierung vorhandener Lokomotiven und Wagen. Sie trug wesentlich zur Rekonstruktion der Dampflokomotiven bei, wie auch der Umstellung auf Ölfeuerung. Aber auch die Schalldämpfer für die neuen V 200 wurden hier entwickelt, oder Grundsatzaufgaben zu Traktionsfragen, Dienstvorschriften u.v.a.m. bearbeitet. Ab 1971 wurde die VES-M mit der Versuchs- und Entwicklungsstelle für die Wagenwirtschaft in das Institut für Eisenbahnwesen eingegliedert. (DW)

218 031 der VES-M Halle fuhr zeitweise auch Reisezüge, wie hier in Leipzig.

118 nach Zbaszynek

80

Tour nach Polen

Im Sommer 1973 wurden zwei Schnellzugpaare ohne Lokwechsel an der Grenze von Berlin nach Poznan gefahren. Diesellokomotiven der Reihe 118 vom Bw Frankfurt (Oder), später auch die des T-Bw Berlin-Karlshorst fuhren nach Polen und als Ausgleich kamen polnische Diesellokomotiven SP 45 bis nach Berlin. Die Maschinen waren jeweils mit Personal der eigenen Bahnverwaltung besetzt und wurden auf dem Gebiet des anderen Landes von einem Lotsen begleitet, der Sprache und Regelwerk beherrschte. Das Verfahren bewährte sich und wurde bis 1979 auf drei grenzüberschreitende Zugpaare erweitert.

Elektrifizierung sorgt für das Aus am Grenzbahnhof

In den 1980er-Jahren hat die Polnische Staatsbahn die Strecke von Warschau aus in mehreren Etappen elektrifiziert. Im Dezember 1979 wurde der elektrische Betrieb zwischen Poznań und Zbaszynek aufgenommen. Damit kamen die deutschen Lokomotiven nur noch bis in diesen Bahnhof, der bis 1945 Grenzbahnhof gewesen war. Mit fortschreitender Elektrifizierung wurde der Einsatz der Reichsbahnlokomotiven auf polnischen Gebiet immer mehr beschränkt. Ab Mai 1984 fuhren sie nur noch bis Rzepin. (WD)

Eine Schnellzugdiesellok der PKP im Bahnhof Frankfurt (Oder)

Der Betonmischzug (BMZ)

Es kommt darauf an, was man daraus macht

81

Für die Streckenelektrifizierung musste die DR überlegen, wie sie an jedes zu gießende Fundament entlang der Strecke gelangen will. Aufgrund des Umfangs der Arbeiten schieden verladene Betonmischer von der Straße aus. Außerdem hätten diese keinesfalls ständig zur Verfügung gestanden. Für den Betonmischzug entwickelten das Fahrzeug- und Entwicklungswerk Blankenburg (Harz) (Forschungs- und Entwicklungszentrum) einen Zug mit einer Leistung von 20 m³ Beton/Stunde und der EIbb (Elektrifizierungs- und Ingenieurbaubetrieb) Berlin einen Zug mit 50 m³ Beton/Stunde.

Der zumeist verwendete BMZ bestand aus sieben Güterwagen (drei Zuschlagstoff-Behälter-, einem Mischer-, einem Zementbehälter-, einem Wasser- und einem Aggregatewagen). Aus dem Mischerwagen wurde direkt der flüssige Beton entnommen und über ein Förderband in die Schalung für das künftige Mastfundament gegossen. Der gesamte Zug musste beheizt werden, sodass lange Jahre Dampflokomotiven, zumeist der Baureihe 52, diesen Zug fuhren. Nach 1990 kamen Dieselloks zum Einsatz. Auf zweigleisigen Strecken blieb ein Gleis weiter befahrbar. Dennoch muss die Effektivität in Frage gestellt werden. Manchmal wurde in acht Stunden nur ein Fundament gegossen. Gründe gab es viele …

Ein Betonmischzug bei Baumschulenweg mit der Berliner 52 8087

Der DMV

Modellbahner in der DDR

1962 wurde der Deutsche Modelleisenbahner-Verband der DDR (DMV) gegründet. War er zunächst die Heimstätte aller Modelleisenbahner, trafen sich dort auch vermehrt Fotofreunde und eisenbahnhistorisch Interessierte, die verschiedenste Objekte der Nachwelt erhalten wollten. Hervorzuheben wäre beispielsweise die Arbeitsgemeinschaft „Verkehrsgeschichte" in Berlin, die viele historische Straßenbahnwagen erhielt und restaurierte. Später kamen Pflegekollektive für die historischen Schienenfahrzeuge hinzu. Unterstützt wurden die Arbeitsgemeinschaften, die nach den acht Reichsbahndirektion strukturiert waren, durch die DR. Für Exkursionen wurden Freifahrscheine und vor allem begehrte Fotogenehmigungen für die Bahnbetriebswerke und auch Ausbesserungswerke ausgestellt. Zusammen mit der DR organisierte der DMV Sonderzugfahrten und Fahrzeugausstellungen.

Begehrte Zeitschrift

Das Presseorgan des DMV war die monatliche erscheinende Zeitschrift „Der Modelleisenbahner". Zu DDR-Zeiten eine sehr begehrte Lektüre über die Welt der kleinen und großen Bahnen. Doch erst nach dem Vorbild der „Verkehrsgeschichtlichen Blättern" der AG „Verkehrsgeschichte" traute sich auch der „MEB" an den Druck der letzten Dampflokumläufe und Bestandsmeldungen. Ein Spagat zu den Überwachungsorganen in der DDR. Nach der politischen Wende in der DDR fand der DMV keinen Platz; die Zeitschrift gibt es jedoch noch heute.

Immer heiß begehrt, zum Teil auch in Farbe: der „MEB".

52 6666

Vom DMV organisiertes 52er Treffen im Bahnhof Beeskow (1987)

Der Brückenblick

83

Der „Affenfelsen“ von Saalfeld

Den Bahnhof Saalfeld (Saale) einschließlich der Zufahrt zum Bw überspannt eine Straßenbrücke. Im Volksmund hieß sie der „Affenfelsen“. Die Fotografen bevölkerten die Brücke, rannten von einer Straßenseite zu anderen, von rechts nach links, nervös und rasch springend wie die Affen. Denn jeder „Schuss“ musste sitzen.

Hier traf man sich

Fotografen aus aller Herren Länder versammelten sich, um in der Dampflokhochburg Saalfeld die besten Fotos von ihren geliebten Lokomotiven anzufertigen. Über Jahre dominierten dort Exemplare der Baureihen 01.5, 22, 41, 44. Personenzüge nach Jena und Gera, Güterzüge zum Stahlwerk nach Unterwellenborn gehörten zum täglichen Bild. Ab 1976 gab es im Bw nur noch die ölgefeuerten 01 und 44. Dazu kamen die schweren Tenderlokomotiven der Reihe 95 aus Probstzella und Sonneberg. Ohne offiziell in das Bw zu gelangen, war hier nahezu jede Zuführung aufgrund der Fahrten vom Bahnhof unter der Brücke hindurch und zurück in das Bw zu fotografieren. Der Transportpolizei war es egal. Das Bild sollte sich nicht ändern, auch als die rostgefeuerten 01er kamen. Doch mehr und mehr „U-Boote“ drangen in die Dienstpläne. Im Dezember 1986 war dann Schluss mit Dampflokeinsätzen.

Planmäßige Doppelausfahrt aus dem Bahnhof Saalfeld (Saale)

Der „Latschen“

84

Ja, das ist eisenbahnerisch …

Der Fahrdienstleiter sprach mit dem Dispatcher über den „Latschen“. Das ist Eisenbahnerdeutsch. Der Fahrdienstleiter, der für die sichere und pünktliche Zugfolge im Bahnhof und auf der Strecke verantwortlich ist, musste Abweichungen vom Regelfahrplan der Züge erfragen oder andere Meldungen abgeben. Das tat er mit dem Kreis-Dispatcher im Reichsbahnamt. Der Dispatcher heißt heute Zugdisponent und hat seinen Sitz längst in eine der acht Betriebszentralen der DB Netz AG gewechselt. Zu DR-Zeiten gab es acht Direktionen und in den 1980er-Jahren zumeist vier Reichsbahnämter. Dem allen war die Hauptdispatcherleitung übergeordnet. Alle Sprachen über den „Latschen“. Damit war ein größeres Wechselsprechgerät gemeint.

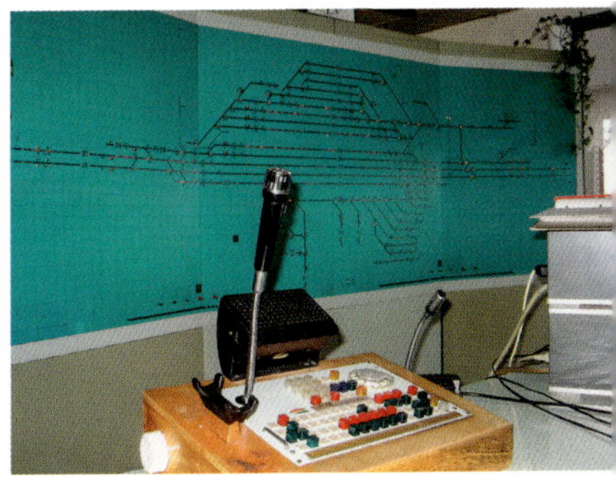

Der etwa 40 Jahre alte RFT-Wechselsprecher funktioniert noch heute …

Wie sah denn das aus?

Die ersten Geräte sahen aus wie ein übergroßer Latschen, ein Pantoffel eben. Vor der Rundung mit dem Lautsprecher waren die Tasten für die Leitungen der einzelnen Sprechpartner angebracht. Auch wenn im Laufe der Zeit die Geräte sich wandelten, flacher wurden, ein modernes Mikrofon angebracht wurde, hießen sie umgangssprachlich immer noch „Latschen“. Heute sind sie weitgehend verschwunden; die Kommunikation erfolgt über GSM-R-Geräte (GSM-R = Global System for Mobile Communications – Rail(way)).

Wussten Sie schon?

Die BASA, die Bahnselbstanschlussanlage, war ein internes Telefonnetz der DR. Es löste die Vermittlungen ab. Fernschreiben, Telegramme wurden über Fernschreiber mit Lochstreifen übertragen.

Die DR bei der DEFA

85

Die Bahn als Filmstar

Oft waren Züge und Bahnhöfe der DR Schauplätze von Filmen. Egal ob ein „Polizeiruf 110“ oder ein DEFA-Spielfilm – bei der DR konnte alles gedreht werden. Doch im Vordergrund stand, die Volkswirtschaft dürfe nicht beeinträchtigt werden, der reguläre Bahnbetrieb habe Vorrang. Und nach dem Film staunte so mancher Zuschauer, wie sauber die Züge waren, wie schmuck die Eisenbahner gekleidet waren. Das war in der Realität nicht immer so.

Dreharbeiten sorgten für Abwechslung

Die Eisenbahner zogen gerne mit, denn neben einem ruhigen Dienst mit guten Essen von der Filmcrew gab es abschließend noch 50 Mark bar auf die Hand. Da ließ man schon mal Granaten neben sich bei Kremmen explodieren, als die 52 6666 im Zweiten Weltkrieg angegriffen wurde. In Storkow (Mark) standen eine Woche die 52 4966 und 6666 für den russischen Film „Der Sieg“, dem siegreichen Abzug der Sowjetsoldaten. Immer wieder wurde das Anfahren geübt. Und bei Belzig hatte ein Pferd ständig Angst vor dem Dampf der 64 007 für die „Geschichte vom goldenen Taler“. Also wurde alles einzeln gedreht. Auf der Nebenbahn bei Belzig, kein weiterer Zug fuhr, war das möglich. „Bahnwärter Thiel“ war ein Klassiker, ein

Immer wieder Görlitz – heute heißt es „Görliwood“.

„Und Action!": Kriegsflüchtlinge stürmen einen Zug.

Muss für jeden Eisenbahnfan. Der Sohn des Bahnwärters verunglückt vor der 50 849. Filme mit Kriegsszenen, Überfällen von Partisanen gab es oft. Und in der Liebeskomödie von 1977 „Der rasende Roland" – war der Roland Frauenliebling als Lokführer auf einer 110. Aber natürlich wurde der begehrte Lokführer nach einigen Irrungen und Wirrungen mit der jungen Ulla, der Aufsicht auf einem kleinen Bahnhof, in Liebesdingen „sesshaft". Im Film zu sehen waren die 110 092-4 und die 118 076-9. Bei der Musik für diesen Film übernahm übrigens Manfred Krug einen Gesangspart.

Details, wie alte Leiterwagen, auch auf der Ladestraße

Die Farbe ist alle

86

… sogar das Rot

Die Mangelwirtschaft in der DDR erreichte Mitte der 1980er-Jahre auch wieder die Deutsche Reichsbahn. Neben ausbleibender Kohlelieferungen oder fehlender Ersatzteile war der folgende Mangel in dem Land des „Schön Anstreichens" eher außerordentlich. Die Farbe zum Lackieren der Schienenfahrzeuge nach den Hauptuntersuchungen in den Raw war drastisch eingeschränkt worden. So erhielten im Raw Meiningen die Dampflokomotiven an ihrem Fahrwerk nur noch einen rostbraunen Anstrich. Diesellokomotiven der Baureihe 118 sahen aus wie ein Flickenteppich, da auch hier die rote Farbe fehlte. Schlimmer noch, die DR verzichtete nach den Instandsetzungen im Raw Karl-Marx-Stadt auf den weißen Zierstreifen auf dem gesamten Lokkasten. Lediglich an den Frontseiten wurde dieser ausgebessert. In der Folge betraf das auch weitere Baureihen.

Wussten Sie schon?
Keine Posse ohne Kehrseite: Für die Dampfloks im Planeinsatz kauften die Personale im öffentlichen Handel mehrere Farbbüchsen mit roter Farbe und strichen selbst die Räder. Nun fehlte auch im Handel die Farbe.

Das Rot wich einem fahlem Braun – 50 3691 im Raw Meiningen.

Die Trapo

87

Der Feind des Fotografen

Eisenbahnfreunde mieden die Polizisten in ihrer dunkelblauen Uniform. Für die Sicherung des Friedens, zur Aufrechterhaltung der Ordnung, Disziplin und Sicherheit sah die Transportpolizei – kurz Trapo – auch in jedem Fotografen einen Feind. Doch eigentlich sollte die Trapo für Sicherheit sorgen, Diebesbanden bei der Bahn feststellen.

Für diese ureigene Aufgabe beauftragte die Sowjetische Militäradministration in Deutschland (SMAD) nach 1945 den Bahnschutz. Am 10. Mai 1946 beschloss der Alliierte Kontrollrat für ganz Deutschland den Aufbau einer Bahnpolizeiorganisation. Die SMAD schuf am 30. Juli 1946 die Deutsche Verwaltung des Innern.

Zuerst Bahnpolizei, dann Trapo

Der Bahnschutz wurde zur ordentlichen Bahnpolizei. Mit der Gründung des Ministeriums des Innern 1949 wurden aus den Bahnpolizeiämtern die Volkpolizeiämter Transport. Ab 1954 erfolgte die Gliederung in die Transportpolizei. Neben der Kriminalpolizei, dem Streifendienst auf Bahnanlagen war eine der Aufgaben, Transitzüge zwischen Berlin Ost–Berlin West und dem Grenzbahnhof der DDR zu begleiten sowie Personenkontrollen durchzuführen.

In Berlin West wurde es der DDR-Polizei untersagt, ihre Präsenz mit Waffen auf dem Bahngelände zu zeigen. Dort wurde wieder die Bahnpolizei eingeführt. Dazu wurden einige Eisenbahner ausgebildet. Am 30. September 1990 wurde die Trapo aufgelöst.

Im grenznahen Gebiet von Salzwedel achtete die Trapo auf jeden Fotografen.

Fahrt frei

88 Die Zeitung

Die Zeitung der Eisenbahner hieß von 1949 bis 1992 „Fahrt frei“. Herausgeber war das Ministerium für Verkehrswesen. Strukturell gehörte die Redaktion jedoch zum VEB Verlag für Verkehrswesen „transpress“ in Berlin. Die Arbeitsverhältnisse der beschäftigten Eisenbahner ruhten somit, denn der Verlag wiederum gehörte zum Kulturministerium.

Zwischen Politik und Fachkenntnis

Die „Fahrt frei“ berichte über das Geschehen bei der Deutschen Reichsbahn. Bestimmten anfangs in der Wochenzeitung vor allem politische Vorgaben das Bild, waren es später Fachbeiträge. Die Zeitung mit verschiedenen festen Bestandteilen, dem „Aufmacher“, den Nachrichten, den Bestenleistungen, der Kultur der Eisenbahner und vor allem mit den zahlreichen gut recherchierten Fachbeiträgen erschien über 25 Jahre alle 14 Tage. Ein nicht immer stiller Berater war die Politverwaltung der DR. Sie wollte im Vordergrund vor allem Erfolge mit entsprechenden Losungen sehen. Die Fachabteilungen griffen aber auch Probleme oder Unfälle mit Gerichtsverhandlungen auf. Gerade diese Nachrichten fanden dann oft einen Weg in die bundesdeutsche Presse. Gerade Springer-Zeitungen stürzten sich fleißig darauf. Stichwort transpress: Aus diesem Hause kamen die heißbegehrten, jedoch wenigen Eisenbahnbücher in der DDR.

FAHRT Zeitung der Eisenbahner FREI

ISSN 0014-6846
2. Februar-ausgabe 1989
41. Jahrgang
Preis 20 Pf

Der Durchbruch beim zentralen Leistungsvergleich der Reichsbahndirektionen gelang im Dezember erstmals der Rbd Berlin. Für die herausragenden Leistungen, insbesondere bei der Netzstabilisierung, Qualitätssicherung und Effektivität, wurde die Wanderfahne verliehen. Die Kosten der Betriebsführung wurden um 0,9 Prozent unterschritten, der Plan der Reparatur des Oberbaus nach Metern und nach Meßwerten mit 100,7 Prozent erfüllt, der Schadwagenreperaturstand bei Güterwagen um 27,1 Prozent unterboten.

RECHNEN UND FORSCHEN FÜR DIE PRAXIS

4

Max braucht Schrott

COTTBUSER GENOSSEN ZUR ELEKTRIFIZIERUNG

Eine graue Zeitung für politische Erfolge

Ordnung und Disziplin

89

Viele Parteilosungen

Ordnung, Disziplin und Sauberkeit – Ehrensache eines jeden Eisenbahners. Eine Vielzahl von parteipolitischen Losungen bestimmten über Jahrzehnte das Bild bei der DR. Die Abteilungen Agitation und Propaganda, gesteuert von der Politverwaltung im Ministerium für Verkehrswesen über die Politabteilungen in den Direktionen und Ämtern, gaben den Weg vor. Es wurde gekämpft – für Frieden und Sozialismus. War das nach Kriegsende noch für viele Bürger ein reales Ziel, wurde es später nahezu zur Farce. Der Express Junger Sozialisten, Aufbaustunden für einen Doppelstockzug mit einer Dampflok der Baureihe 23.10 zu Ehren des V. Parteitages der SED, das waren noch lohnende Ziele. Ehrenurkunden und Wanderfahnen waren finanziell lukrativ für das Kollektiv. Auch weitere Auszeichnungen für den Eisenbahner waren gut dotiert.

Dass aus der persönlichen Lokpflege die (sowjetische) Lunin-Methode wurde (die unengeltliche Pflege der Lok durch die Lok-Brigade), verstand so mancher Dampflokführer nicht. Und in den 1980er-Jahren gaben die Ziele die Methode von Odessa-Iljetschowsk vor. Es war trotz des Namens eine reine DDR-Erfindung, denn in der sowjetischen Hafenstadt kannte niemand diese Methode zum effektiveren Arbeiten. So blieb des Eisenbahners Arbeitsplatz beständig ein Ort von Agitation und Propaganda.

Schützt euer Volkseigentum!

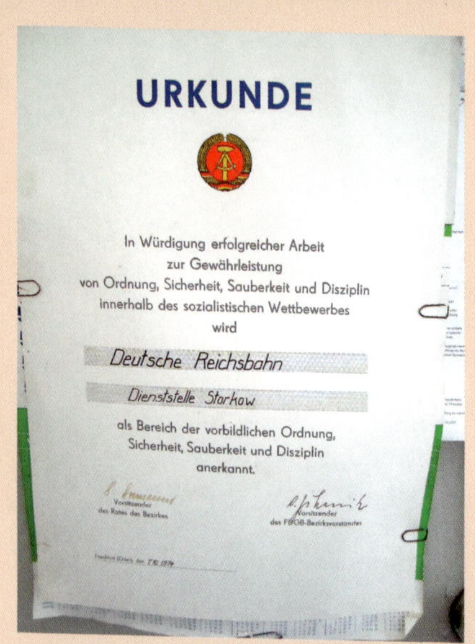

URKUNDE

In Würdigung erfolgreicher Arbeit
zur Gewährleistung
von Ordnung, Sicherheit, Sauberkeit und Disziplin
innerhalb des sozialistischen Wettbewerbes
wird

Deutsche Reichsbahn

Dienststelle Storkow

als Bereich der vorbildlichen Ordnung,
Sicherheit, Sauberkeit und Disziplin
anerkannt.

Vorsitzender des Rates des Bezirkes

Vorsitzender des FDGB-Bezirksvorstandes

Auszeichnung der Eisenbahner des Bf Storkow

Politische Losungen auch im Westteil Berlins

Der Express junger Sozialisten – der Zug entstand durch zahlreiche Spenden.

Zum Nationalfeiertag am 7. Oktober wurde jeder Bahnhof geschmückt.

Neubau aus Tschechien

Architektur-Import

90

Zahlreiche Bahnhofsgebäude stammten noch aus der Gründerzeit. In Berlin sollte der Bahnhof Lichtenberg zu einem bedeutenden Fernbahnhof werden, da dieser unmittelbar an den Berliner Außenring anschloss und der Berliner Ostbahnhof nicht erweitert werden konnte. Entsprechend wurden ab 1976 das Gleisfeld in Lichtenberg umgebaut und die Bahnsteige erneuert. Hinzu kam ein dritter Fernbahnsteig und die Brücke der Frankfurter Allee wurde verlegt. Speziell für die Städtexpresszüge angepasst, konnten nun lange Züge mit mindestens 15 Wagen an den Bahnsteigen halten. Das einstige Empfangsgebäude riss man bis 1973 ab. In Betonfertigbauweise entstand bis 1982 ein zweckmäßiger, zweigeschossiger Neubau mit MITROPA-Gaststätte, großer Fahrkartenausgabe und Büroräumen.

Die Architektur schloss sich der tschechischen Bauweise an, die bereits für das erste Terminal am neuen Standort des Flughafen Berlin-Schönefeld von 1976 und des Empfangsgebäudes am gleichnamigen Bahnhof verantwortlich war. Ähnliche Neubauten entstanden 1974/1975 in Plauen (Vogtl) ob Bf und bis 1978 in Cottbus.

Blick über den umgebauten Bahnhof Berlin-Lichtenberg

Pioniereisenbahnen

91

Spaß und Didaktik

Zunächst waren diese schmalspurigen Bahnen als Parkbahnen gedacht. Jedoch rückte bei der Betriebsführung bald die pädagogische Absicht in den Vordergrund, Kinder und Jugendliche an den Eisenbahnbetrieb heranzuführen und für eine spätere Berufswahl zugunsten der Deutschen Reichsbahn zu gewinnen. Allerdings wurde nur die Pioniereisenbahn in der Berliner Wuhlheide von der DR selbst geführt.

Nach ersten Versuchen zum Weihnachtsmarkt in der Stadt mit ausgeliehenen Fahrzeugen wurde zum Tag des Kindes am 1. Juni 1956 die 6,9 km lange Streckenführung im Pionierpark eröffnet. Über Jahre zogen verschiedene Diesellоktypen auf den 600-mm-Gleisen die Züge, ehe nach 1987 auch eine Dampflok (Trümmerbahnlok) hinzukam. Wagen baute das Raw Schöneweide aus einstigen Wagen der Mecklenburg-Pommerschen Schmalspurbahn um.

Die Kinder arbeiteten als Aufsicht, Fahrdienstleiter, Schaffner oder Zugführer. Lokführer stellte die DR ab. Die Pädagogen waren ebenfalls Reichsbahner.

Weitere Bahnen gab es (und gibt es) in Dresden und Leipzig. Sie stammen von 1951 und 1952. Auf ihren 381-mm-Gleisen fahren Liliputdampflokomotiven. In Cottbus, Karl-Marx-Stadt (Chemnitz), Bernburg, Gera, Görlitz, Halle (Saale), Plauen (Vogtl) und Vatterode gibt es weitere Strecken.

Fabrikschild der Trümmerbahndampflok 44

Der VEB Lokomotiv- und Waggonbau der DDR – Werk LKM in Babelsberg

Trümmerbahnlok 44 im Bw Berlin Wuhlheide

Die junge Aufsicht fertigt den Personenzug ab.

Vor den umgebauten Wagen fährt eine Diesellok der DR.

Unfälle bei der Bahn

92 Nicht immer wurde darüber berichtet

Trotz vieler Regeln und Sicherheitsvorkehrungen konnten (und können) Unfälle bei der Eisenbahn leider nie vermieden werden. Nicht über alle Unfälle wurden in der DDR auch wahrheitsgemäß berichtet. Unfallursachen bei technischen Unzulänglichkeiten wurden geschickt vertuscht, sodass am Ende doch einem Eisenbahner die Schuld zugeschoben wurde. Musste aufgrund der Tragweite über ein Ereignis berichtet werden, stand die Regierungskommission stets im Vordergrund, die Verletzte im Krankenhaus besuchte und an der Untersuchung maßgeblich beteiligt war. Verhandlungen vor dem Gericht wurden hingegen zumeist öffentlich durchgeführt. Die Zeitung „Fahrt frei" veröffentlichte eine Vielzahl von Gerichtsbeiträgen. Gleichzeitig konnte bei menschlichen Verfehlungen geschult werden.

Schrecklicher Blutzoll

Vielen ist der Unfall mit 94 Toten, darunter vielen Kindern, von Langenweddingen bekannt. Am 6. Juli 1967 konnte der Wärter die Schranke nicht schließen, ein Personenzug erfasste einen Tanklaster. Am 27. Juni 1977 ließ ein Fahrdienstleiter infolge fehlender Streckenblocktechnik einen D-Zug bei Booßen in ein Gleis, auf dem von Lebus ein Güterzug kam. 31 Menschen starben. Manche Unfälle waren wirklich Fehlleistungen von Fahrdienstleitern und Lokführern. Aber auch an Bahnübergängen kam es zu einer Vielzahl von Unglücken.

Bei Berlin-Karow stieß ein Wendezug mit einem Lkw zusammen.

Der erste Reisezugwagen ist unter dem Tender verkeilt.

03 0078 mit dem D-Zug Zittau – Stralsund stieß mit einem Güterzug zusammen.

Der Tender der 03 0078 erschlug das Lokpersonal.

Bergungsarbeiten bei Lebus

Der Weg der Kleinen

93

Wie ging es weiter mit der Schmalspur

Die verbliebenden Schmalspurbahnen hatten bei der DR bis 1990 ihre Daseinsberechtigung. Die Euphorie bei den Bahnen, teilweise auch mit bundesdeutschen Fahnen beklebt, ebbte bald ab. Nach der Wende und dem Beitritt zur Bundesrepublik war alles anders. Der Tourismus brach zwischen Ostsee und Harz ein. Im Güterverkehr blieben vermehrt die Kunden aus. Kleinere Betriebe schlossen, andere orientierten sich auf die Straße. Vielerorts fuhren 1991 die letzten Güterzüge.

Im Übergang zur DB AG fanden sich zwar noch alle Fahrzeuge im Umzeichnungsplan wieder, doch wurde deren Wirtschaftlichkeit bereits in den letzten DR-Jahren in Frage gestellt. Die DB AG wurde z. B. vom Bundesverkehrsministerium aufgefordert, sich aus dem Betrieb der sächsischen Bahnen zu lösen. Sogar Stilllegungen wurden diskutiert. Das Land Sachsen entschied sich, eine Privatisierung zu unterstützen. Das betraf aber nur Bahnen mit Bedeutung für den Tourismus – wie von Zittau oder Oberwiesenthal aus. So wurde am 28. Juli 1994 die Sächsisch-Oberlausitzer Eisenbahngesellschaft (SOEG) gegründet. Freital-Hainsberg und Radebeul (Ost) standen zur Disposition, wurden bei der DB AG der Bahnreinigungsgesellschaft unterstellt. Die Sicherungen und Abgaben an die Zweckverbände zogen sich bis 1998.

Trendwende am 3. Oktober 1990 – 99 1781 mit deutscher Flagge

Heizen für Duschwasser

94

Gnadenbrot für Dampfloks

Provisorien haben oft eine erstaunliche Beharrungskraft, so der Einsatz von Heizloks und Dampfspendern. Neben Abgaben an die Industrie, um dort defekte Anlagen zu überbrücken oder bei einer Havarie Dampf zu spenden, gab es auch die Einsätze im Herbst, um Kartoffeln zu dämpfen.

Die DR gab oft Lokomotiven ab, die noch über eine anzurechnende Kesselfristverlängerung verfügten, aber im regulären Einsatz nicht mehr fahren konnten. Die meisten Lokomotiven gaben die VEB, bei denen sie Verwendung gefunden hatten, an die Bahn zurück. Erst Ende der 1980er, als zum Beispiel das Krankenhaus in Heiligendamm oder in Greifswald die Brauerei Dampfspender forderten, kamen diese (bis auf die spätere erhaltende 01 519) nicht zurück.

Noch fahrend oder stationär?

Anders war der Einsatz in den Bahnbetriebswerken. In vielen Bw sorgte eine Dampflok mit ihrem Dampf für warmes Duschwasser oder diente zum Vorheizen der Diesellokomotiven. Hinzu kamen Einsätze auf den Rangierbahnhöfen in den Wintermonaten, um dort die Weichen zu beheizen, oder in einigen Personenbahnhöfen, um dort Reisezüge vor ihrer Bereitstellung vorzuwärmen.

Waren Heizlokomotiven noch voll funktionsfähige Lokomotiven, die zu ihrem Einsatzort fahren konnten, hielt die DR auch Dampfspender vor, die nur noch Dampf – aber eben lediglich stationär – spenden konnten.

Wussten Sie schon?

Bereits Mitte der 1960er-Jahre baute die DR Lokomotiven in rollfähige Dampfspender um. Sie sollten zumeist fest an einem Ort stehen. Heizlokomotiven waren in den meisten Fällen Fahrzeuge aus dem Betriebspark, die zum Beispiel unfallbedingt nicht fahren, aber heizen konnten. Andere Heizlokomotiven waren im Bw oder im Bahnhof selbstständig unterwegs. Ende der 1980er kamen die NHL, die Nichtfahrfähigen Heizlokomotiven, hinzu, die sonst meist keine Verwendung mehr fanden. Im Raw Potsdam wurden vier Dampfkessel mit Kohlenstaub befeuert.

Von Öl- auf Kohlefeuerung zurückgebaut: 44 2663 als Heizlok in Staßfurt

Im Bw Wustermark heizt die „kastrierte" 52 8023.

95

Dampflok im Garten

Gegen viele Widerstände

Den Traum eines Jungen, eine richtige Lok im Garten zu haben, hat sich der Berliner Lokführer Klaus Hollenbach im Jahr 1981 erfüllt. Er wandte sich an diverse Stellen, trug seinen Antrag mehrfach vor. Nein, eine kleine Dampflok gäbe es nicht, nein, man brauche jedes „Alteisen", nein, Lokverkäufe nur für Valuta in die BRD. Doch im Raw Engelsdorf fand er mit der 80 009 eine abgestellte Rangierlok aus dem Jahr 1927. Die Direktion der Ausbesserungswerke zeigte sich entgegenkommend – es müsse nur der Generaldirektor zustimmen und im Ausgleich müsse Hollenbach 45 t Schrott liefern. Hollenbach hatte Glück, jener Direktor wurde gerade vertreten und selbst der Stellvertreter des Generaldirektors zeigte sich als Bahnfan wohlgesonnen. 45 t Schrott fand Hollenbach zusammen mit Freunden zwischen den Gleisen.

Viele Anträge, abger gutes Ende

Schließlich dampfte die 80 009 von Leipzig nach Berlin. Neben einer Ausstellung für den Deutschen Modelleisenbahn-Verband der DDR (DMV) im Oktober 1981 in Müncheberg folgten einige private Sonderzugfahrten auf der Flufghafenzuführung von Grünau nach Diepensee. Im Juli 1983 dampfte sie ein letztes Mal und wurde per Tieflader zum Garten von Hollenbach gebracht. Der Stadtarchitekt forderte, dass die Lok nicht direkt zu sehen sein dürfe. Später baute Hollenbach noch einen Lokschuppen dazu.

Scheinanfahrt mit 80 009 im Wald von Berlin-Grünau.

80 009

80 009 aus dem Jahr 1927 mit ihrem Fotozug im Januar 1982.

Lokverkäufe für Valuta

Diese Exporte machten manche traurig

96

Mit dem Verkauf historische Triebfahrzeuge konnte die DR auch die Valuta-Einnahmen für die DDR steigern. Zum Verkauf kamen zumeist nur Lokomotiven, die auf anderen Bahnen nicht mehr zum Einsatz kommen konnten. Das betraf bereits nach 1966 schmalspurige Dampfloks der Mecklenburg-Pommerschen Schmalspurbahn (MPSB). Hier fanden sich Käufer in der BRD und in den USA. In den nächsten Jahren erlitten Loks anderer stillgelegter Schmalspurbahnen das gleiche Lose; so von der Spreewaldbahn, Waldeisenbahn Muskau oder von Rügen. Dank des DMV konnte so manche Maschine vor ihrem Verkauf noch einmal vor einem Sonderzug glänzen: In Berlin war es die 35 1097 oder in Magdeburg die 37 1009 (24 009).

Doch der Schalck-Golodkowski

Verstärkt zum Beginn der 1980er-Jahren verkaufte die DR unter Einbeziehung der „intrac", dem Vorläufer von Schalck-Golodkowskis „KoKo", nicht mehr benötigte Dampfrösser. Einige liefen unter Dampf bis zur Grenze, durften ab dort aufgrund der DB-Bestimmungen zunächst nur geschleppt weiter. Die Aufzählung reicht von 01 118, 01 204, 01 514, 03 098, 95 009, 95 028 oder der fast museal erhaltenen 02 0314 (18 314). Auch die 01 204 genoss in Dresden den Status einer Traditionslok. Doch nun waren Valuta zu machen. Es ging weiter an Vereine und Privatpersonen mit 50 3014, 52 3548, 03 155 …

Vor dem Verkauf zeigt sich die 02 0314 im Bahnhof Meuselwitz.

52 8097 passiert in „rotbraun" die gut lackierte 01 0509 in Meiningen.

Abnahme der aufgearbeiteten 01 0509 an ihre neuen Besitzer (1985)

Als Kunstobjekt wurde die 52 2751 am Anhalter Bahnhof in Berlin aufgestellt.

Regelmäßig Plandampf

97

Ein Fest für Fotografen

Plandampf – Dampflokomotiven ziehen planmäßge Züge – ist keine neue Erfindung. Zu den verschiedensten Jubiläen oder Fotoveranstaltungen des Deutschen Modellbahn-Verbands der DDR organisierte die DR, dass planmäßige Reise- oder Güterzüge noch einmal von einer Dampflok gezogen werden. Im September 1989 bespannte die Berliner 52 6666 mehrere Post- und Leerreisezüge zum 100jährigen Bestehen des Bahnhofs Rummelsburg. Zum Abschied der 41 im Saaletal kamen diese vor mehreren Zügen zum Einsatz, zudem fuhren bei dieser Gelegenheit die Museumsloks 44 1093 und 01 1531.

Plötzlich ging so manches

Die Wirren im Übergang von der Plan- zur Marktwirtschaft ermöglichten eine Vielzahl von Aktionen, die heute unmöglich geworden sind. Dazu zählten auch die Plandampfveranstaltungen. Ohne jetzt

Museumslok 38 5205 vor einem regulärem Personenzug in Schlettau

jeden Veranstalter aufzuzählen, sind doch Plandampftage im Februar 1991 im Thüringer Wald oder auf der Magistrale Berlin–Brandenburg–Magdeburg im Oktober 1991 mit fünf, sechs Dampfloks und mehreren schweren und schnellen Zügen in Erinnerung geblieben. Weitere fanden im Erzgebirge, in der Lausitz oder auf kleineren Abschnitten statt. In der Folge wurde es immer schwieriger, derartige Tage durchzuführen, da aufgrund des drastischen Rückbaus der Infrastruktur (Wasserkran, Umfahrungsgleise) für den Dampflokeinsatz dieser für Plandienste nahezu unmöglich wurde. Außerdem wuchsen die finanziellen Interessen der neuen Bahn.

Der Fahrplan war ein Hindernis

Die Begeisterung über den Dampflokeinsatz veranlasste auch Berliner Dampflokfreunde, über würdevolle Abschiedsfahrten nachzudenken. Im Sommer 1991 lief die Kesselfrist der 52 8055 ab. Das Anliegen der engagierten Fans fand selbst in der Rbd Berlin ein offenes Gehör. Die Antwort: 52 8055 befördert am 20. Juli 1991 den E 1681 von Nauen über Berlin Stadtbahn nach Lübbenau. Kopfschütteln im Bw Schöneweide. Ein 120er-Plan mit einer klapprigen 52er, die höchstens 80 km/h schafft? Doch ein neuer Fahrplan war einen Tag davor fertig. Die Fahrt wurde zum vollen Erfolg. Vier Wochen später hieß es, die Baureihe 52 fährt nun immer samstags diesen Zuglauf. Kurzzeitig sprangen auch die letzten Wustermarker 52er mit ein. Ein Tipp des Autors, den Tourismus vielleicht weiter anzukurbeln, brachte ab dem Folgejahr den Sonntags-Eilzug von Berlin über Oranienburg nach Rheinsberg. Mit der Sanierung der Stadtbahn war im Sommer 1994 für den „Gurkenzug“ nach Lübbenau Schluss, am 6. November 1994 mit endender Kesselfrist der 52er nach Rheinsberg.

Wussten Sie schon?

Eine zusätzliche Einnahmequelle fand die DR bei sogenannten Dampflokseminaren. Für zahlungskräftige Eisenbahnfreunde wurden zum Beispiel in Berlin zwei 52er für Ausbildungsfahrten für den „Ehrenlokführer“ auf der Strecke von Königs Wusterhausen nach Töpchin eingesetzt. Fachleute gaben ihr Wissen zur Dampflokunterhaltung und deren Einsatz praxisnah weiter. Zeitweise setzte das Bw Schöneweide aufgrund all dieser und anderer Sonderzugfahrten bis zu vier Dampfloks ein.

52 8055 zur Abschiedsfahrt im Berliner Ostbahnhof

52 8117 mit ihrem „Gurkenzug" in Berlin-Spandau

Spurensuche DR

98

Nostalgie? Nein Geschichte!

Die DR ist seit 1994 Vergangenheit. Doch neben der Bahngeschichte, neben historischen Fahrzeugen mit DR-Logo, erinnert manch anderes an diese vergangene Bahnepoche.

Trotz ICE und Schnellfahrstrecken gibt es diese Reste der alten DR. Dies trifft in besonderem Maße auf Berlin zu. Noch streiten die Politiker über die Reaktivierung der Siemensbahn von Jungfernheide nach Spandau Gartenfeld. Seit 1980 wachsen dort Bäume und seinerzeit hat die BVG bereits die U-Bahn gebaut.

Von der Grenze zerrissen

Im Dornröschenschlaf ist seit etwa 80 Jahren das Bw Berlin-Charlottenburg. Mit der Einführung der elektrischen S-Bahn war das Werk für Dampfloks entbehrlich. Inmitten der Sektorengrenze in Berlin war der Nordbahnhof (ehemaliger Stettiner Bf). Aufgrund der Streckenverlaufs und dem Gesetz, dass ab dem 1. Juni 1952 West-Berliner nicht direkt über den Ostteil diese Züge erreichen dürfen, wurde dieser Bahnhof bereits am 18. Mai 1952 geschlossen. Im Grenzteil, im Osten Berlin, wurden alsbald die Gleise und Anlagen entfernt. Bis zur einstigen Grenze liegen noch heute die Gleise und Brücken. Das Vorsignal zur Einfahrt in den Nordbahnhof zeigt seit über 60 Jahren „Halt erwarten“. Unweit davor finden sich Behelfsbunker, Eisenbahner hätten bei Angriffen im Krieg darin Schutz suchen können.

Ersatzteile der Signalwerker für die WSSB-Gleisbildstellwerke

Längst Vergangenheit: die Badeanstalt in Cottbus

Schutzbunker für Eisenbahner am Berliner Nordbahnhof/Stettiner Bahnhof

Der Reichsbahn-TEE

99

Eine letzte Blüte?

Nach der Öffnung der Grenze zur Bundesrepublik wollte die DR einen hochwertigen Verkehr von Berlin nach Hamburg anbieten. Bei der Suche nach geeigneten Fahrzeugen kam ein in Italien frisch aufgearbeiteter, ehemaliger TEE-Triebwagen der Bundesbahn ins Spiel. Eine Liechtensteiner Firma überließ der DR einen zehnteiligen Triebzug der Baureihe 601 und einen Reserve-Maschinenwagen im Tausch gegen eine betriebsfähige Schnellzugdampflok der Baureihe 01 für einige Zeit zur Nutzung. Nach Überführung der Fahrzeuge nach Berlin wurde der Zug ab 1. August 1990 als IC „Max Liebermann" eingesetzt.

Berlin–Hamburg–Berlin

Die Fahrgäste konnten vormittags in knapp vier Stunden komfortabel von der Spree an die Alster reisen. Nach einem Aufenthalt von fast neun Stunden begann am frühen Abend die Rückreise. Nachts ist der Zug in Berlin-Rummelsburg gereinigt, gewartet und gegebenenfalls repariert worden. Am 30. September 1990 endete der Einsatz des Triebzuges. Ab dem Fahrplanwechsel wurde der IC lokbespannt gefahren. Der TEE-Triebwagen stand noch bis Dezember 1990 in Berlin, dann wurde er zurück nach Italien überführt. (WD)

Der „neue" VT 601 im Betriebsbahnhof Berlin-Rummelsburg

Ein kurzes Intermezzo: Warten auf die Rückreise nach Italien.

Umzeichnung 1992

Anpassung an DB-Standard

100

Bereits zum 1. Januar 1992 waren alle DR-Fahrzeuge in das (gemeinsame) Baureihenschema der DB im Hinblick auf die Gründung der DB AG zu überführen. Dampflokomotiven erhielten nun eine dreistellige Baureihenbezeichnung, die Ordnungsnummer hingegen wurde nur noch dreistellig. Auch wenn im Umzeichnungsplan noch rund 500 Dampflokomotiven aufgelistet waren, handelte es sich zumeist lediglich um einen buchmäßigen Akt. Nur wenige Dampfrösser erhielten tatsächlich diese neuen Nummern angebracht. Von den 133 übernommenen Exemplaren der Reihe 52 fuhren beispielsweise nur die 052 134 (52 8134) und 052 117 (52 8117) kurzzeitig mit dieser Nummer. Museumslokomotiven wurden künftig als 088 (Dampf), 188 (Ellok) und 288 (V-Lok) eingeordnet. 01 1531 wurde zur 088 015. Nach der BR-Bezeichnung in der Ordnungsnummer war die Ziffer 5 immer die erste DR-Lok in diesem Schema. 01 2137 wurde zur 088 016. Doch diese Bezeichnung als zwölfstellige Nummer des EBA-Registers wurde nur am Führerhaus klein angebracht.Schmalspurlokomotiven wurden zur 099.

Die Ordnungsnummern entstanden vollkommen neu, es standen die 1 für 1000 mm, 9 für 900, 6 für 600 mm oder 7 für 750 mm. Hinter der 099 701 verbarg sich die die einstige 99 539. Nur kurz währte diese Epoche, denn mit Abgabe der Schmalspurbahnen suchte jeder Betreiber wieder die passenden Nummern heraus. Die HSB entschied sich für das alte DR-EDV-System, während die übrigen sich an der Zeit vor 1970 orientierten.

Die elektrischen Lokomotiven fanden sich künftig ab der BR 112 (ehem. 212) wieder. Um alle Fahrzeuge einzureihen, gab die DB Nummern nicht mehr vorhandenen Baureihen frei. Diese Diesellokomotiven kamen in den Block 2. Aus der BR 110 wurde die BR 201, aus der 112 die 202. Jedoch die Rangierdiesellokomotiven fanden sich nun im Baureihenblock der Kleinlokomotiven wieder. Aus der 106 wurde die 346.

Elektrische Triebzüge, wie die Berliner S-Bahn, kamen von der 275 in die Reihe 475. Die Ferkeltaxe, der einstige VT 2.09, ab 1970 BR 171/172 wurde zur BR 771/772. Doch dieses Nummernschema ist nur für deutsche Fahrzeuge anzuwenden. Denn es kam vor, dass im Bahnhof Berlin-Spandau eine S-Bahn der BR 477 neben einer Ellok der BR 477 der SBB stand.

Neue Bahn mit alten Fahrzeugen: 228 784 in Martinroda

Seltener Schnappschuss: Vorzeitig umgezeichnet und an die DB verliehen, steht 143 933 neben 243 599 in Berlin-Rummelsburg.

Wussten Sie schon?

Auch Bahnhöfe wurden wieder umgezeichnet. 1990 wurde aus Pappenheim wieder Kleinschmalkalden, aus Karl-Marx-Stadt wieder Chemnitz, und Wilhelm-Pieck-Stadt Guben hieß einfach nur noch Guben.

Bau- und Verkehrsmuseum

Das lange geschlossene …

101

Mit dem Bau der Berlin-Hamburger Eisenbahn entstand in Berlin bis 1847 der Hamburger Bahnhof. Zugunsten des Lehrter Bahnhofs wurde dieser bereits 1884 für den Reiseverkehr geschlossen. Da das Empfangsgebäude mit seiner Abfertigungshalle erhalten blieb, entstand dort 1906 das Königliche Bau- und Verkehrsmuseum, das spätere Verkehrs- und Baumuseum. Die Sammlung von technischen und industriellen Exponaten wuchs, sodass die Hallen erweitert wurden. Eisenbahnseitig waren neben mehreren Modellen die originalen 17 008, teilweise aufgeschnitten, oder eine T 0 hervorzuheben.

Kein Publikumsverkehr

Nach dem Krieg übernahm die DR diese Sammlung. Aufgrund der politischen Wirren blieb das Museum fortan dem öffentlichen Besucherverkehr verschlossen. Die DR durfte nur die Transportaufgaben wahrnehmen. Erst mit der Übernahme der S-Bahn in Berlin West 1984 übernahm der Senat von Berlin aus das Museum. In der Folge wurden 1985 die Fahrzeuge ausgelagert und dem Technikmuseum Berlin (neu: Deutsches Technik-Museum) sowie zahlreiche Modelle oder andere Exponate an andere Museen gereicht. Das DTM, welches auch von der DR abgegeben wurde, entstand neu im einstigen Bw Anhalter Bahnhof.

Geschichte am Anhalter Bahnhof

Das Museum für Verkehr und Technik am Anhalter Bahnhof wurde 1982 eröffnet. Bis 1987/1988 war die Eisenbahnsammlung in den zwei renovierten Halbrundschuppen mit 33 Gleisen fertiggestellt. Neben den Fahrzeugen aus dem Hamburger Bahnhof erwarb das Museum Lokomotiven aus Polen oder von der DR (z. B. 52 4966 und 118 075). In den Bereichen zeigen sich die Fahrzeuge verschiedener Epochen, zum Teil im letzten Betriebszustand. Seit 1990 können auch Teile der Verladehallen am Anhalter Güterbahnhof besichtigt werden, wenn auch dort nur Autos stehen. Historische Busse oder U-Bahn-Wagen der BVG, Straßenbahnen der BVB (Berlin Ost) oder S-Bahnwagen der DR sind in der Monumentenhalle untergebracht, einst Teil der SVT-Gruppe im Bw Anhalter Bahnhof.

17 008 auf der Überführung im Bahnhof Berlin-Neukölln

Heute auch museal erhalten ist der VT 608 801. Als „General" war er für die amerikanischen Streitkräfte bzw. den Botschafter von Berlin-Lichterfelde West aus im Einsatz.

Bilder sagen …

… manchmal mehr als Worte

Der folgende Bilderbogen quer durch Zeiten und Themen wird über Bildbegleittexte weitere Aspekte der DR-Geschichte beleuchten. Es geht um anstrengende Arbeit. Um den mühevollen Erhalt historischer Fahrzeuge. Um alte Loks … und teils auch einfach um schöne Bilder.

Eröffnung des elektrifizierten Netzes 1955 in Halle (Saale) Hbf

Wussten Sie schon?

Die Zentrale Bildstelle der DR (ZBDR) hat nicht nur die Obrigkeiten der DR oder Reichsbahner fotografiert, sondern auch viele Lokomotiven und Züge seit den 1950er-Jahren. Neben internen DR-Veröffentlichungen gab es einen Teil der begehrten Fotos beim jährlichen Solidaritätsbasar der Berliner Journalisten auf dem Alexanderplatz. Schnell waren die Fotos vergriffen. Das Fotorecht der DDR gestattete für jedermann Aufnahmen auf Bahnhöfen erst ab 1973.

Schrottsoll erfüllt – Jugendbrigade zerlegt im Raw Cottbus eine Dampflok.

Stelldichein im einstigen Privatbahn-Bw Wriezen

118 372 überführt einen Museumstriebwagen.

Der aus Richtung Cottbus
um 14 Uhr 30 Minuten
fällige Zug wird voraussichtlich
14 Min. später ankommen.

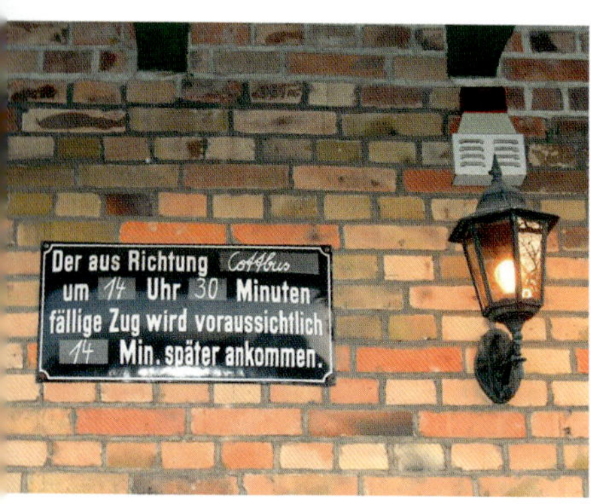

Verspätungsanzeiger der Spreewaldbahn

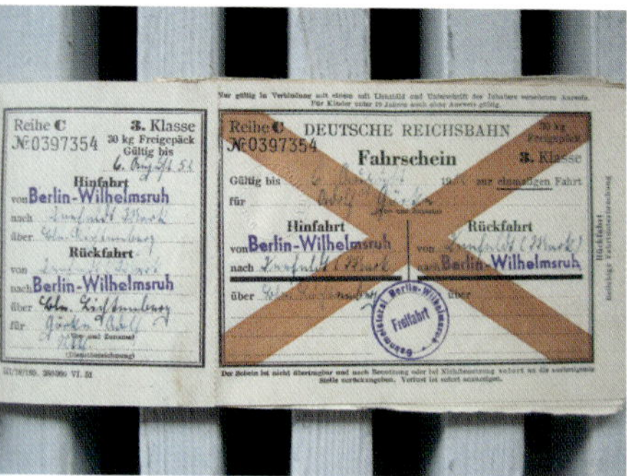

Reihe C 3. Klasse
№0397354 30 kg Freigepäck
Gültig bis
Hinfahrt
von Berlin-Wilhelmsruh
nach
über
Rückfahrt
von
nach Berlin-Wilhelmsruh
über
für
Reihe C DEUTSCHE REICHSBAHN
№0397354
Fahrschein 3. Klasse
Gültig bis
für
Hinfahrt
von Berlin-Wilhelmsruh
nach
über
Rückfahrt
von
nach Berlin-Wilhelmsruh
über
Freifahrt

Fahrscheinheft von 1952

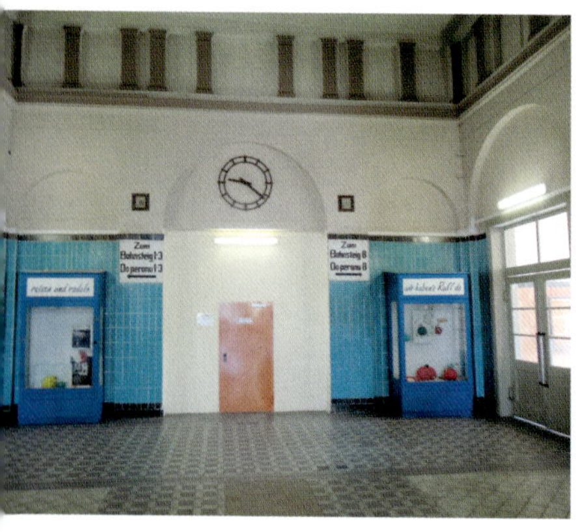

Grenzbahnhof Guben

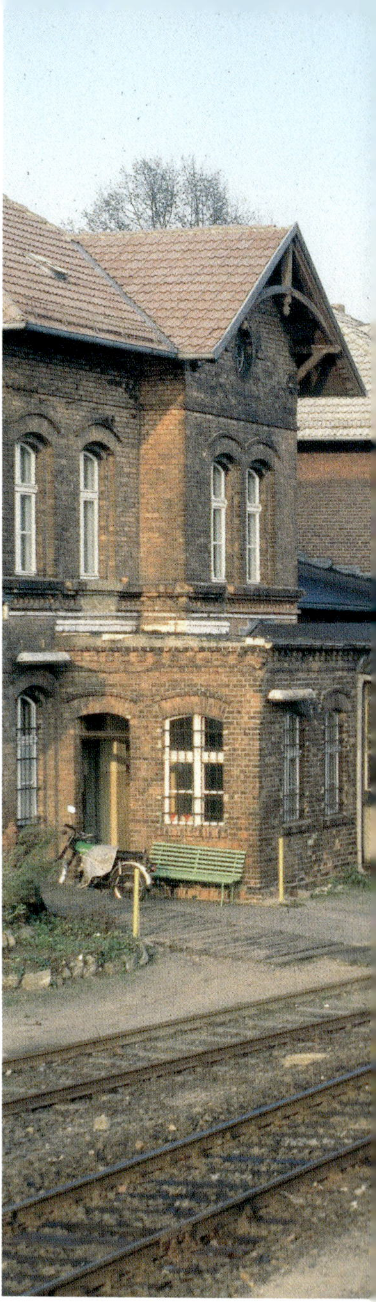

Nahgüterzug mit Dampflok des Bw Wustermark – Kremmen 1987

Kohlebunker für Dampfloks
in Wustermark

Abbildungsnachweis

Fotos Michael Reimer: 2, 8, 10, 14, 15, 21, 24, 25, 33, 38, 39 (2), 46, 47, 54, 55, 57, 58, 60, 63, 64, 66, 67 (2), 68, 78, 81m, 86, 87, 88, 89, 97, 99, 101, 107u, 123, 125, 127o, 128, 130, 131, 136 (2), 137 (2), 139, 140, 143, 147, 150, 151 (2), 156 (2), 159, 160 (2), 161 (2), 162, 167, 169, 170, 171 (2), 175o, 176, 177 (2), 188 (3), 190

Fotos Sammlung M. Reimer: 9, 11, 23, 26, 27, 28, 31, 32, 35, 40, 42, 43, 53, 65, 69, 81u, 85 (3), 93, 114, 115, 117 (2), 121 (3), 124, 126, 132, 133, 135, 138, 139 (2), 141,144, 145, 154, 155, 157 (2), 163 (4), 164, 173, 184, 185 (2)

Fotos Steffen Tautz: 19, 36, 37, 48, 49, 70, 76o., 77 (2), 96, 102, 104, 105, 106, 107o, 109, 116, 118, 129, 148, 152, 153, 166 (2), 175u, 181o, 187, 189

Fotos Dirk Endisch: 110, 111

Fotos Dirk Winkler: 56, 82, 83,

Fotos Axel Mehnert: 30, 51o, 61, 98, 117u, 119, 127u, 134,

Fotos Ronald Broschat: 12, 13, 16, 81o, 90, 122, 172, 183o, 183u

Fotos Uwe Dittrich: 17, 79,

Fotos Wolfgang Dath: 44, 45, 51u, 52, 62, 71, 72, 73, 74, 75, 76u., 92, 94, 95, 108, 112, 113 (2), 142, 149, 178, 179, 181 (2),

Fotos Sammlung J. Leuthardt: 20, 80, 103 (2),

Foto Wikimedia, Niklas Bildhauer: 41

Foto Shutterstock/MichaelJayBerlin: 158

Literaturverzeichnis

Archive Michael Reimer, Dirk Winkler, Wolfgang Dath

Reimer u. a., Kolonne – Die DR im Dienste der Sowjetunion, Stuttgart 1996

Kirsche u. a., Eisenbahnatlas DDR, Berlin 1987

Kirsche, Bahnland DDR, Berlin 1990

Abkürzungsverzeichnis

(Auswahl)

Bf: Bahnhof
BR: Baureihe (Tfz)
Bw: Bahnbetriebswerk
Raw: Reichsbahnausbesserungswerk
Rbd: Reichsbahndirektion
RGW (OSShD): Rat für Gegenseitige Wirtschaftshilfe (Organisation für die Zusammenarbeit der Eisenbahnen)
SBZ: Sowjetisch besetzte Zone in Deutschland
SMAD: Sowjetische Militäradministration in Deutschland

Impressum

Verantwortlich: Lothar Reiserer
Produktmanagement: Alexander Reiserer
Layout und Satz: Silke Schüler
Repro: Cromika, Verona
Korrektorat: Rudolf Heym
Einbandgestaltung: Ralph Hellberg
Herstellung: Anna Katavic
Printed in Italy by Printer Trento

Sind Sie mit diesem Titel zufrieden? Dann würden wir uns über Ihre Weiterempfehlung freuen. Erzählen Sie es im Freundeskreis, berichten Sie Ihrem Buchhändler, oder bewerten Sie bei Ihrem nächsten Onlinekauf. Und wenn Sie Kritik, Korrekturen oder Aktualisierungen haben, freuen wir uns über Ihre Nachricht an GeraMond Verlag, Postfach 40 02 09, D-80702 München oder per E-Mail an lektorat@verlagshaus.de.

Unser komplettes Programm finden Sie unter 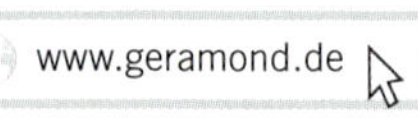

Alle Angaben dieses Werkes wurden vom Autor sorgfältig recherchiert und auf den aktuellen Stand gebracht sowie vom Verlag geprüft. Für die Richtigkeit der Angaben kann jedoch keine Haftung übernommen werden.

Bildnachweis Umschlag:
Bildmontage unter Verwendung von Motiven von Michael Reimer und picture alliance / dpa-Zentralbild

Die Deutsche Nationalbibliothek verzeichnet diese Publikation in der Deutschen National bibliografie; detaillierte bibliografische Daten sind im Internet über http://dnb.d-nb.de abrufbar.

ISBN 978-3-86245-164-7